ÆDES CHRISTI
in Academia Oxoniensi

César Vallejo
La escritura del devenir

Julio Ortega

César Vallejo
La escritura del devenir

TAURUS

PENSAMIENTO

Primera edición: noviembre de 2014
Segunda edición: marzo de 2015

Printed in Spain – Impreso en España

ISBN: 978-84-306-0059-5
Depósito legal: B-21126-2014

Impreso en BookPrint Digital. S. A., Barcelona

TA 0 0 5 9 5

Penguin
Random House
Grupo Editorial

Índice

Noticia

En mi seminario de Brown University he puesto a prueba estas lecturas con la misma fascinación con que a los veintitantos años dicté mi primer cursillo sobre la poesía de César Vallejo (Santiago de Chuco, Perú, 1892-París, 1938) en la Universidad Católica en Lima. He dedicado buena parte de mi vida académica a compartir ese asombro, en seminarios de incertidumbre dictados en las universidades de Texas, Austin; Puerto Rico, Río Piedras; Simón Bolívar, Caracas; King College, Londres; de Granada y Las Palmas; así como en la Asociación Hermanos Saíz, La Habana. Una y otra vez he propuesto el enigma de una poesía que, cuanto más la estudiamos, menos sabemos sobre ella. He llegado a creer que esa saga interpretativa, hecha por una comunidad de la lectura, es otra imagen del drama hermenéutico cuyo sujeto es la modernidad leída, y desvivida, desde la margen del español atlántico.

Tal vez porque toda visión unitaria de esta poesía me ha resultado curiosamente parcial, me he propuesto una aproximación de abordajes circulares al texto, buscando dar cuenta de la íntima diversidad de una obra que se debe tanto a su proceso literario como a su carácter epistemológico, ya que no se basa en la expresividad ni en el poder evocativo del lenguaje sino, más bien, en su crítica radical. Me ha interesado, por ello, seguir su carácter hermético así como su práctica proyectiva, abierta sobre el devenir de una palabra de certidumbre desasida. Esa vehemencia de la poesía de Vallejo es, antes que nada, una materia verbal cuya emotividad no se fija, cambia en la lectura, y da a cada quien su parte de diálogo agonista. Se trata de la puesta en práctica de un principio de zozobra, que inquieta profundamente lo que nombra, y que está afincado, sin embargo, en el mapa contemporáneo de la crisis, desde cuyo tiempo hispánico construye el proceso de una hipótesis antagonista sobre la significación poética. En ese sentido, su obra es parte de un pensamiento crítico contemporáneo de clara entonación nuestra.

El proyecto poético de Vallejo empieza con el exceso expresionista de *Los heraldos negros* (Lima, 1918); prosigue con la revuelta de *Trilce* (Lima, 1922) contra el lenguaje, cuyo sistema referencial pone a prueba; a lo largo de *Poemas humanos* (París, 1938) explora las formas del coloquio, la conciencia afectiva, el desamparo de la ciudad de la crisis; y culmina tramando utopía y tragedia en *España, aparta de mí este cáliz* (Montserrat, 1939), donde la Guerra Civil Española se transforma en modelo de sacrificio y redención. Es una poética que parte de la tachadura del lenguaje para que otra palabra emerja, se constituye, contra la injusticia y la muerte, en una práctica del devenir. Temprano, el poeta se representó como tal en el canto de un pájaro withmaniano («Idilio muerto»); después declaró que quería escribir pero no podía hacerlo, porque el lenguaje que manejamos sobrelleva las ruinas del proyecto moderno, desmentido desde su orilla americana («Intensidad y altura»); y propuso, en fin, que la poesía es una demanda del porvenir, que se configura en la opción por escribir más allá de los discursos de oficio, desde la intemperie de la crítica («Un hombre pasa con un pan al hombro / ¿Voy, después, a escribir sobre mi doble?»). Desde la tachadura del lenguaje heredado, el poeta adelanta una poética del devenir. Seguir esa ética solidaria, su pulso emotivo y su registro epistemológico es el propósito de este libro.

Quizá todos los que creemos en el valor central de la poesía venimos de Vallejo. Se diría que compartimos esta convicción improbable en una demanda superior a nuestras fuerzas; esto es, la fidelidad a una causa gratuita.

Confío en que el lector confirme aquí alguna inteligencia de esa palabra mutua.

1

El proyecto poético

1.1. Santiago de Chuco y Trujillo

César Abraham Vallejo Mendoza (1892-1938) nació en Santiago de Chuco, una pequeña ciudad en el norte de los Andes peruanos. Enclavada en las alturas y de difícil acceso, había preservado su carácter rural y era predominantemente mestiza y de habla española. Los indígenas y su lengua quechua rodeaban el valle de Santiago, donde la familia de Vallejo, el último de doce hermanos, era una extensa red afectiva. Sus padres fueron Francisco de Paula Vallejo y María de los Santos Mendoza, hijos ambos de curas españoles. Sus familiares han contado que, de niño, jugaba misteriosamente a tener hambre, y hurtaba panes del horno para comerlos a escondidas; en otra ocasión explicó que los palotes que había trazado en la tierra eran una carta dirigida a su madre en que le decía que pasaba hambre. Su familia, aunque modesta, era, sin embargo, acomodada; el padre había sido gobernador de Santiago.[1]

1 Aunque aún no contamos con una biografía de Vallejo, una cronología útil es la de Flores, Ángel. *César Vallejo.* Síntesis biográfica, bibliográfica e

Entre 1905 y 1908 está en Huamachuco, en la escuela secundaria, donde manifiesta su curiosidad literaria. Inicia estudios universitarios en Trujillo, la ciudad costera más importante en el norte del país, aunque no puede continuarlos ya que debe empezar a trabajar. Lo hace en un puesto administrativo en la zona minera de Quiruvilca, cerca de Santiago; después es maestro de escuela y, enseguida, ayudante del cajero de la hacienda azucarera Roma, cerca de Trujillo. Sobre los trabajadores de la hacienda escribirá más tarde su novela proletaria *El tungsteno*, que es una feroz denuncia política. Por fin, en 1913 retoma sus estudios formales en la Universidad de Trujillo.

Trujillo es una ciudad muy activa, abierta a las modernas inquietudes literarias y políticas, y el joven Vallejo muy pronto se convierte en uno de los personajes de la bohemia artística, del Grupo de Trujillo. Trabaja en el Centro Escolar y luego en el Colegio Nacional de San Juan. En 1915 se gradúa como bachiller con una tesis sobre el Romanticismo en la poesía castellana, que es la primera muestra de sus ideas literarias. Su noción de la sinceridad como eje expresivo del sujeto o persona poética anuncia su confesionalismo posterior, así como su concepción de la poesía como forma superior de la verdad. Entre 1915 Y 1917 estudia Leyes, aunque no llegará a recibirse como abogado. En la revista escolar del centro donde enseña, publicó en 1913 sus primeros

---

índice de poemas. México: Premiá, 1982. Para la etapa peruana del poeta es fundamental Espejo Asturrizaga, Juan. *César Vallejo. Itinerario del hombre.* Lima: Juan Mejía Baca, 1965.

poemas, efeméricos y convencionales. En un célebre artículo, «El César Vallejo que yo conocí», el novelista Ciro Alegría reconstruyó sus recuerdos de 1917, cuando fue alumno de Vallejo en el Colegio Nacional de San Juan. Vívidamente, Alegría evoca la figura romántica del poeta, su facha desafiante de tipo raro, así como su acento de hablante serrano.

Vallejo descubrió en Trujillo la literatura de su tiempo gracias al grupo de escritores, conocido como «los bohemios», que encabezaba el filósofo Antenor Orrego, y que integraban jóvenes literatos, artistas y políticos universitarios. Con ellos, Vallejo conoció a los poetas del Modernismo hispanoamericano, y pronto hizo de Rubén Darío su modelo mayor. Pero también cultivó la obra de Walt Whitman, Paul Verlaine y los simbolistas franceses. En el grupo destacaba Víctor Raúl Haya de la Torre, fundador del Partido Aprista Peruano, tenazmente perseguido; era, así, un núcleo de la vanguardia artística pero también de la política de vanguardia. A comienzos de 1918 marchó a Lima.

[illegible]

[illegible]

[illegible] *Fuegos* [illegible]
[illegible] Ezra Pound [illegible]
[illegible] Francisco [illegible]

1.2. Lima y *Los heraldos negros*

Cuando llega a Lima, ya ha empezado a escribir y a publicar poemas de *Los heraldos negros*, su primer libro, que lleva la fecha de 1918 aunque empezó a circular a mediados del año siguiente. En su caso, el libro da nacimiento al poeta: la biografía de sus libros será una dimensión crucial de su vida de artista, a contrapelo de sus tiempos. Esa hipérbole quizá nos parece más raigal *a posteriori*; pero las raras simetrías revelan el trabajo poético como la forma no de lo vivido, sino de aquella materia emotiva desplegada y devenida. No es que el yo poético se deba al yo biográfico, sino que el yo es, más que enunciado, enunciación; esto es, la perspectiva que adelanta la exploración de la escritura, desbordada y tentativa. Todos los tiempos se conjuran en ese lenguaje anticipado.[2]

2 He analizado las poéticas vallejianas en *La teoría poética de César Vallejo*. Providence: Del Sol, 1986. Discuto las funciones del sujeto y la persona poética en *Figuración de la persona*. Barcelona: Edhasa, 1971; y en trabajos incluidos en *La teoría poética de César Vallejo*. Una compilación de testimonios

Visita a Manuel González Prada, el ensayista rebelde, a quien dedica una de las composiciones en su libro, y es recibido por José María Eguren, el poeta más innovador de entonces. En Lima encuentra también dos inspirados grupos de escritores e intelectuales: el de la revista *Colónida*, encabezado por el escritor Abraham Valdelomar, seguidor de Oscar Wilde y Gabriel D'Annunzio, y el grupo de *Amauta*, la revista marxista de José Carlos Mariátegui, brillante ensayista y luchador social, fundador del Partido Socialista Peruano, quien escribió el mejor ensayo sobre la obra temprana de Vallejo, saludando su genio artístico y, seguramente, influyendo en su percepción política del país. Vallejo trabajaba como maestro en una escuela privada. La noticia de la muerte de su madre lo abate, pero no puede viajar a los funerales. Desde el primer poema, «Los heraldos negros», se revela como un poeta radicalmente distinto.

«Hay golpes en la vida, tan fuertes... Yo no sé!». Ya la primera estrofa plantea los fundamentos de la poética del libro: la noción del destino como trágico; la condición humana como agónica; la orfandad como definición de lo vivo. Un programa romántico, en efecto, pero dramatizado por el no saber, que es tanto desamparo existencial como pérdida del habla religadora. Huérfano en la creación, el sujeto del habla, ese héroe del discurso moderno, ha perdido la fe en Dios, y, más grave aun, constata que Dios ha empezado a abandonar

y ensayos es *César Vallejo*. Madrid: Taurus, 1985. También conviene ver mi edición de *Trilce*. Madrid: Cátedra, 1991, donde aparece la historia crítica de cada poema.

el lenguaje mismo. Por eso, el suyo no es un discurso sobre la muerte de Dios, sino sobre la huella de Dios marchándose del habla humana.

Esa orfandad define al hombre moderno como «hombre pobre»; esto es, sin explicaciones ante su propio desamparo. La figura del hijo abandonado o extraviado emerge en el libro, y en la obra conjunta de Vallejo, como definitoria de la condición humana. Pero no se trata de una rebeldía vanguardista o un nihilismo existencialista, sino, más bien, de una conceptualización de lo humano en términos de su carencia. La poesía, por lo tanto, no es la mera expresión de los poderes del habla, sino, al contrario, la puesta en crisis de la capacidad del lenguaje de nombrarlo todo, de su misma pretensión de ser un mapa transparente y exacto del mundo. El lenguaje es un derroche del sentido. La poesía debe cuestionar sus regímenes de certeza, su pretensión de veracidad, su permanente sustitución de las cosas por las palabras, sobrevaloradas por la tradición, y requeridas de volver a tierra. La poesía es una crítica de la poesía.

La perspectiva del no saber («¡Yo no sé!» equivale a «Yo no soy», al revés y al derecho) declara una ignorancia basada en la refutación del saber. Primero, de las explicaciones dadas acerca del yo y sus hechuras. Segundo, del saber decir mismo: solo sé que no sé decirlo, sugiere, postsocráticamente. El proyecto poético de Vallejo empieza por refutar el lenguaje dado y procede a recusar el edificio ideológico tradicional.

El eje de esa exploración es, irónicamente, la sílaba más vulnerable del edificio verbal: el yo, que en el poema será la deducida persona poética que lo representa, como la imagen en el espejo. Ese doble no es necesariamente un fantasma del ego, sino su sílaba pronominal, desencadenada y capaz de desplegar la escena de las rupturas, los desmontajes y el cuestionamiento. Esta es la verdadera innovación vallejiana. Mientras que los poetas modernistas empleaban nombres plenos de significado, Vallejo problematiza su sentido al replantear su función. Los nombres tienen, ahora, un poder disolvente de su propio contenido.

Al poner en duda la significación estable que las palabras refieren, los nombres llenos de sentido (amor, dolor, muerte, soledad, fe), que suponen un campo semántico dominado por la certidumbre del yo, adquieren un elemento crítico y relativo, que es su rasgo moderno. Puestos en duda, revelan la capacidad del yo para actuar como la medida de una veracidad crítica. Por ello, este libro es profundamente indagatorio. Se mueve en un campo de negaciones que afirman, de preguntas y dudas, de creer y anticipar.

El poeta encuentra el método para desmontar los edificios de la tradición y recomenzar con las sílabas más frágiles en el ejercicio de las interpolaciones que pone en juego en el poema: la retórica del repertorio modernista, por un lado, y el despojamiento del lenguaje escrito, por otro lado. Trabaja sobre el coloquio, liberado de sus referentes y planteado como la vida del lenguaje en el tiempo.

Por ello, el libro se mueve como una suerte de emocionario, entre imantaciones polares de ser y estar, de vacío y exasperación. Una parte de estos poemas son laboriosos, a veces arduos, y están a punto de su propia parodia. Intrigantemente, el poeta explora la vía conceptual del exceso, con una «mala escritura», cerrada y torpe, que a veces da más sombra que luz al espacio que metaforiza y satura. Pero, por otro lado, Vallejo introduce en el discurso —casi como una cita que el poema hace del habla oral— el coloquio, su acento emotivo, y la textura de la voz.[3]

Los heraldos negros conoce una recepción favorable. Sintoniza, sin duda, con los tiempos de disyunción, con la última fase del Modernismo hispanoamericano, acelerada por Julio Herrera y Reissig, cuando las vanguardias de entreguerras harán oír su voz. Probablemente, el acto vanguardista por excelencia, que define la proyección futurística de este libro, es su apuesta por el lenguaje de las restas, del despojamiento idealista, de lo genérico y retórico. A pesar de sus énfasis de despedida del Modernismo superstite, lo define esa capacidad de decir que no. El estremecimiento de esa negación se levanta sobre los escenarios del libro, entre las ruinas de la retórica de los saberes dados, y se proyecta hacia aquello que está haciéndose y se hará en el nuevo lenguaje artístico del primer español transfronterizo y autosuficiente. En *Los heraldos*

3 Véase el trabajo de Prieto, Julio. «Sobre ilegibilidad y "mala" escritura en Hispanoamérica». *Ínsula*, Madrid, n.° 777, septiembre, 2011. Vallejo, evidentemente, pone en tensión el «buen gusto» de la tradición lírica, así como los protocolos de la «mesura», pero su exceso y desborde expresivos implican una crítica al lenguaje tan sistemática como radical. Mi hipótesis es que escribe en las ruinas del discurso de la Modernidad, desarticulando, desde la periferia y en su propio terreno, su racionalidad normativa. En *Trilce*, ese programa será más evidente; y en su poesía europea, un pensamiento desde la poesía.

negros, en efecto, la tradición ideológica, inscrita en la lengua general, del humanismo hispánico tradicional, es una enciclopedia de los saberes inculcados, que el poema redefine puntualmente. El sujeto, por lo mismo, aprende a hablar desde el nombre sin amparo en el mundo conocido. Se trata de una empresa radical: desmontar el habla ligada, el logos suficiente, desde la única institución no socializada: el poema como renacimiento del lenguaje. Por eso, la desnudez del hablante es la demanda de la poesía que procede a desarticular la pacificación impuesta sobre los nombres por la nominación ilusa. Por vía negativa, el poema trabaja desde el no saber, desde el no poder decir, reconstruyendo el saber de una carencia que explora el desamparo del ser humano en el lenguaje.

Este proceso se dramatiza en el coloquio, por ejemplo, de «Aldeana»,[4] donde el hablante poético busca definir el crepúsculo sin nombrar sus atributos ni tributar su tradición. Más que la melancolía del tiempo que agoniza bellamente, el poema opta por la perspectiva contraria: un leve antropomorfismo sobre la presencia y ausencia que se ceden la definición (cambiante, provisoria, metafórica) de la tarde en el tiempo, para afirmar el primer día de una nominación alterna y venidera. La primera estrofa anuncia el crepúsculo a través de la inferencia de los efectos a su paso: su presencia es una ausencia referida, evocada y ya perdida:

4 Vallejo, César. *Obra poética*. Edición crítica de Américo Ferrari. Nanterre: Colección Archivos, 1988. Citaremos por esta edición.

Lejana vibración de esquilas muertas
en el aire derrama
la fragancia rural de sus angustias.
En el patio silente
sangra su despedida el sol poniente.
El ámbar otoñal del panorama
toma un frío matiz de gris doliente!

El sonido, el perfume, el color dan fe, desde los sentidos, sobre el paisaje, cuya presencia sutil define el ámbito que permea las asociaciones del artificio simétrico de los sintagmas. Así, la percepción construye el crepúsculo como un tiempo verbal. El campo, la casa, la visión son espacios que ceden su presencia deducida. En lugar de nombrar, el poema reconstruye el estado anímico de sus efectos. Y retorna al punto de vista, la contemplación, donde el lenguaje y el mundo se redefinen: «De codos yo en el muro, / Cuando triunfa en el alma el tinte oscuro / y el viento reza en los ramajes yertos».

La tarde es la tinta que colorea de gris al lenguaje y produce la imagen equivalente de los «idilios muertos»; o sea, se borran los contrarios en la antítesis del tiempo que transcurre en el poema, que es el registro cromático de lo que pronto desaparecerá. La noción de Mallarmé (el poema como una desaparición sonora) pasa aquí de la música a la percepción, del mito del lenguaje a la despedida de sus poderes.

En «Ágape», el poeta desarrolla un esquema más íntimo de la antítesis: «Hoy no ha venido nadie a preguntar / ni me han pedido en esta tarde nada». El poema se despliega entre pronombres simétricamente restados: ellos/yo, yo/ellos.

El ágape, así, discurre desde su ausencia, desde la negatividad de la carencia: «Hoy no ha venido nadie, / y hoy he muerto qué poco en esta tarde». El yo nace del ellos, como la sílaba vacía en el habla. La ausencia, ese hueco en el lenguaje, es la presencia del poema. Desde estas inferencias y deducciones, el lenguaje poético trama su otro lado del nombre, la configuración de la negatividad, esa fuerza de lo desnombrado, como el ámbito del devenir sin asideros. Por lo mismo, el poema da cuenta de una mirada, situada entre un dentro y un afuera, donde el yo del testigo (el artista del estado de una cierta emergencia) produce, desde el ámbito de aquello que está por hacerse, la traza del despojamiento, enunciada en la intimidad del coloquio.

Publicado el libro, Vallejo decide dejar el Perú, partir hacia Francia. Pero antes hace un viaje de despedida hacia su pueblo, en abril de 1920. Coincide con las fiestas del pueblo, que comparte con sus amigos, pero se ve envuelto en una asonada popular: las rivalidades pueblerinas terminan en la muerte de un hombre, el incendio de un almacén comercial y asaltos a despachos oficiales. La poderosa familia damnificada incluye a Vallejo en su denuncia judicial. El poeta huye, se refugia en Trujillo, pero cae preso el 5 de noviembre, y pasa en la cárcel tres meses y medio. Las protestas de las asociaciones universitarias y de varias figuras de la cultura peruana logran que sea puesto en libertad el 26 de febrero de 1921.

1.3. La cárcel y *Trilce*

Esa experiencia fue crucial en su evolución poética, y configura uno de los núcleos de su libro en proceso, *Trilce,* que aparece en octubre de 1922, ante la indiferencia de la crítica, incapaz de comprender la propuesta radical del poeta. Publica *Escalas,* conjunto de relatos, y, ese mismo año, *Fabla,* una breve novela. Su situación económica es pésima, pero con su sueldo de maestro compra un pasaje de barco hacia Francia. Ningún libro como *Trilce,* y pocos después, había llevado tan lejos la subversión de la lengua poética y, más aun, la crítica de las funciones del lenguaje. La arbitrariedad del signo lingüístico pone en entredicho la lógica de la representación, no solo el principio idealista de una lengua general y la tradición metafísica del logos articulado. En esa fisura de la significación, algunos poetas (como Neruda y su noción de la poesía impura o material) encontraron una vena elocuente y, a veces, profusa. Otros, en la opción contraria (como Beckett y su radical laconismo desreferencial) un modo de acallar al lenguaje. Vallejo se propone escribir desde la tachadura y lo residual, en el ardimiento de un lenguaje por hacerse.

El neologismo *trilce* proviene del número 3 y alude al laboratorio del poema, donde la unidad, la dualidad y el tercer término de una figura en proceso de constituirse son elementos de profunda discordia. Vallejo propone superar la estética de la armonía, basada en la dualidad de términos pacificados, y se presenta como el abanderado de una nueva exploración, fundada esta en el poder del impar y la orfandad. El número impar declara la ruptura de la serie, y su excepción es un emblema del cambio. «Ceded el nuevo impar, potente de orfandad!», reclama. Esta perspectiva supone una crítica hecha a nombre del absurdo. El absurdo será una de las formas desarticuladas de la conciencia misma, de su orfandad en el lenguaje. Y, desde el absurdo (el vacío que instauran las palabras al nombrar), el poeta procede a disolver corrosivamente el montaje idealista de la representación. Su rebelión poética no solo lo lleva a buscar formas nuevas, es también una rebelión metafísica. *Trilce* aparece en 1922 en coincidencia elocuente con otras dos grandes versiones de la vanguardia internacional: *Ulysses*, de James Joyce, y *The waste land*, de T.S. Eliot. Otra vez desde la periferia del discurso literario, Vallejo coincide en la práctica del «cambio del texto».[5]

5 La bibliografía vallejiana está también por establecerse. La más solvente es la de Foster, David William. *César Vallejo. A bibliography and secondary sources.* Westport: Greenwood Press, 1981. Ricardo González Vigil, en su edición de las *Obras completas*. Lima: Banco de Crédito del Perú, 1991; y Américo Ferrari, en la suya, consignan bibliografías selectas. Más amplia es la de Francisco Martínez García en *Cuadernos Hispanoamericanos. Homenaje*

En la saga de la modernidad crítica, Rimbaud había postulado cambiar la vida; Marx, cambiar no la filosofía, sino el mundo; Joyce, cambiar no el mundo, sino el texto; Eliot, forjar una dicción contemporánea tramada como una mitopoética. Vallejo, desde sus márgenes, proyecta el lenguaje de una nueva nominación. El lenguaje poético es un espacio indagatorio transreferencial: no es la «casa del ser» sino su intemperie. Ensaya, diríamos, la restitución de la materialidad de lo vivo precario como la nueva función del habla poética. «Absurdo, solo tú eres puro», escribe, porque todo lo demás, lo que nombra el Diccionario, está contaminado por «Lomismo», por la indistinción de lo desnombrado. La poesía demanda «una mañana eterna», se debe a la actualidad del porvenir.[6]

a César Vallejo. Madrid, n.° 454-455, abril-mayo, 1988, 2 vols. David Sobrevilla, en su *Introducción bibliográfica a César Vallejo.* Lima: Amaru, 1995, comenta varios estudios.

6 «Y cuándo nos veremos con los demás, al borde / de una mañana eterna, desayunados todos!» («La cena miserable», *Los heraldos negros*).

2

LAS PRÁCTICAS DEL DEVENIR

2.1. La redefinición del lenguaje

Los heraldos negros, el primer libro de César Vallejo, todavía nos habla entre los distintos énfasis de su voz lírica, capaz de interpelar a la muerte y de imprecar a Dios, a nombre del desamparo de lo que sabemos y de la rebeldía de lo que tendríamos que saber. Ese margen entre la experiencia como lección conflictiva, donde el lenguaje zozobra, y el conocimiento como promesa de la palabra indagatoria, dan ya a este libro, a pesar de sus protocolos retóricos, de su énfasis expresivo y sus tintas cargadas, la fuerza de un laborioso recomienzo en favor del porvenir. Este es un libro de vísperas y anuncios que privilegia una visión de la condición humana como proceso, entre el mientras y el todavía, en tanto gestación y futuridad. Si el proyecto poético de Vallejo es una laboriosa crítica de las funciones comunicativas del lenguaje, sus primeros poemas sitúan esa necesidad en la acelerada fase transitiva de la literatura de su tiempo, entre la Primera Guerra Mundial y el triunfo bolchevique. Desde el nihilismo anárquico de las primeras vanguardias y la noción de una percepción urbana futurista, y después del ejemplo mayor de Rubén Darío, se despliega la necesidad de independizar la literatura de sus servidumbres referenciales; y, en contra de la socialización utilitaria del lenguaje, explora los valores imaginarios, contrarios y contrariados, de una poética que debe forjar su nueva comunidad hablante y convocar a los interlocutores del arte nuevo.

En algunos instantes de evocación coloquial, después de la confesión y sus excesos, la pregunta vallejiana por los desenlaces y las virtualidades nos comunica la intimidad abrupta de una voz más propia. Bien visto, este libro consigna la varia partitura del nacimiento de su propia voz. Aunque su tematización ha dominado, inevitablemente, la lectura crítica, ese catálogo es también la biografía de una voz que nace negando las explicaciones («Yo no sé!») para afirmar la calidad de sus preguntas. Buena parte de los poemas empiezan con una afirmación en voz alta, cuya apelación discurre en el poema sin bochorno y dramáticamente. Apenas el poeta ha recuperado el aliento y ya anota el desaliento que lo inquieta. Aunque tiende a sobreescribir, las voces concurren en el soliloquio con la fuerza de su tiempo actual. El primer libro de Vallejo es un catálogo de voces alternas en un lenguaje otro: ensaya escenarios de una voz venidera, cuya entonación, discordante y emotiva, sale de la literatura para ocupar la actualidad del habla. La voz, descubre Vallejo, se libera de la sobreescritura como una primera cita del porvenir.[1]

1 José Ángel Valente, en *Las palabras de la tribu*. Madrid: Siglo XXI, 1971, pone en relieve el dispositivo coloquial de este libro: «Pero desde el punto de vista del lenguaje poético, lo que más interesa señalar en *Los heraldos negros*

«Idilio muerto» es uno de esos instantes de feliz interlocución proyectiva, donde el pasado irrumpe preguntando por la voz del hablante, entre entonaciones del lugar y protestas de extrañeza. El monólogo dramático se torna reflexivo y convocatorio en una escena donde la voz encarna, literalmente, como la materia ganada al tiempo. La musa rural, que plancha «blancuras por venir», anuncia la página en blanco del poema que ocupará. Considerar este poema como si presidiera nuestra relectura de la obra nos permite precisar la transición que hay, dentro del mismo libro, entre la escritura y la palabra; entre los tópicos que construyen los lugares de enunciación (campo-ciudad) como un intercambio de lenguajes (rural-urbano) en la temporalidad entrecruzada por los sentidos (evocación) y el desengaño (*spleen*).

> Qué estará haciendo esta hora mi andina y dulce Rita
> de junco y capulí;
> ahora que me asfixia Bizancio, y que dormita
> la sangre, como flojo cognac, dentro de mí.

---

es la incorporación de la expresividad cotidiana, no solo mediante el empleo de fórmulas extraídas del lenguaje diario, sino —y sobre todo— por asimilación del ritmo del habla coloquial [...]. En pocas ocasiones la moderna poesía de lengua castellana ha estado tan cerca de la palabra hablada [...]». Cabría añadir que el habla coloquial que está buscando formular el poeta puede también verse desde otro punto de vista, no solo desde el habla poética y el lenguaje diario, sino desde la tercera instancia que sería el lenguaje del poema mismo, que ensaya un coloquio cuya textura es a la vez poética y diaria; esto es, más allá de esa dicotomía, el coloquio producido por el poema, al cual a su vez produce, es la textura misma de uno y otro lenguaje.

Dónde estarán sus manos que en actitud contrita
planchaban en las tardes blancuras por venir;
ahora, en esta lluvia que me quita
las ganas de vivir.

«Idilio muerto» se inscribe entre los dos discursos en disputa al comienzo de la poética vallejiana. Ya el título sugería un leve antagonismo entre la noción de «idilio», que pertenece a la tradición de las formas líricas plenas, y «muerto», que pertenece al nuevo lenguaje de las oposiciones con que Vallejo irá a poner en crisis la función representacional. En efecto, el poema muestra algunos rasgos marcados por la tradición literaria, especialmente el Modernismo hispanoamericano, como son el uso variable del soneto y la pauta rítmica evocativa. Pero más importante es el hecho de que en este aparato retórico hay ya una pulsión que pertenece a la nueva poesía hispanoamericana, seguramente propiciada por la ruptura del lirismo que inició Julio Herrera y Reissig. Se anuncia, además, la impronta vallejiana, que empieza aquí como la forma asistemática del coloquio. Si lo vemos con algún detalle, encontramos que el poema parece construido a partir de una gramaticalidad estricta. En primer lugar, hay una prosodia simétrica, marcada por los signos de puntuación, lo que crea el paralelismo rítmico versal; pero, en segundo lugar, vemos también que, detrás de ese aparato formal tradicional, la dicción excede las pautas previstas con su enunciación actual y su movimiento contrastivo. Observemos que se trata de preguntas que no se acaban de formular: «Qué será de su falda de franela; de sus / afanes; de su andar; / de su sabor a cañas de mayo del lugar».

A pesar de la gramaticalidad, los signos de interrogación están ausentes, lo cual crea una primera ambigüedad en el poema porque, al aparecer sin sus signos, la pregunta queda planteada como pura contemplación, como ensoñación o fantaseo. Esta modalidad prosódica, a medio camino entre la interrogación y la admiración, podría sugerir la reconstrucción de la voz en su medio dialectal. Es un sujeto que empieza por su reafirmación en los pronombres. Así, estaríamos ante el esbozo de una gramaticalidad, de pronto, zozobrante. Ello va a ser característico de Vallejo: la voz es el margen entre la sintaxis y el coloquio, el cual empieza a ocupar la racionalidad gramatical con el subtexto de la incertidumbre.

Si vemos el diagrama de este proceso, comprobamos que la distribución orgánica de enunciados (dos-dos-dos) construye un verdadero paralelismo prosódico. El poema es el planteamiento de una pregunta. Baste aquí con destacar este aparato retórico, por lo demás de estirpe ilustre, y esta ocurrencia de la voz del coloquio, que empieza a erosionar el mismo sistema que la sostiene. En *Los heraldos negros*, el discurso poético está íntimamente polarizado entre la retórica y el coloquio, entre la gramática y la dicción. De esa tensión está hecha la representación, y por ella el poema aparece recargado de tropos y emblemas y, a la vez, subvertido por las dicciones de una voz que interviene con su tiempo emotivo, buscando su lugar asistemático.

La presencia más coloquial, irónicamente, es una cita. Rita aparece citada en el penúltimo verso: «Qué frío hay... Jesús!». Y este «hay» tiene un doble valor fónico, de verbo y de exclamación («Ha triunfado otro ay: la verdad está allí», dirá Vallejo en *Trilce*). Y como ocurre en esta poesía y, será central en *Trilce*, se va a ceder la palabra al interlocutor para tener más presente su figura actual en el poema. En «Idilio muerto», evidentemente, es una estrategia evocativa de lo doméstico y rural como sustantivo frente a lo decadente y urbano como adjetival. Por eso, la estrategia verbal culmina al lograrse la presencia misma de la amada en el leve temblor de su cuerpo: «Ha de estarse a la puerta mirando algún celaje, / y al fin dirá temblando: "Qué frío hay... Jesús!" / Y llorará en las tejas un pájaro salvaje».

En el último verso canta un pájaro más literario que salvaje, porque viene directamente de la poesía de Whitman, la que presupone, en efecto, que el nuevo poeta es un pajarraco de graznido bárbaro. Terso y tenso, ese verso resuelve el poema con una respuesta que involucra al poeta: este pájaro promedia entre los espacios rural/urbano, en la intemperie de su voz solitaria, y termina siendo un emblema del hablante mismo.

Sobre el coloquio diremos algo más luego, pero es claro que el poema se plantea semánticamente entre un espacio urbano que es el del arte, en la tópica retórica modernista del *spleen*; mientras que la mujer, la musa, es representada como un sujeto rural, poseedora del genuino lenguaje de la pertenencia. Esta polaridad entre oralidad y escritura deriva del sistema de oposiciones del poema y suscita dos espacios emotivos discontinuos, que corresponden a la pertenencia y al desarraigo: el sabor de Rita y el sinsabor del *flaneur*, la nostalgia de los orígenes y la errancia urbana. El poema mismo es este doble juego: entre el coloquio, donde Rita recupera la voz; y la figuración, donde el sujeto está hecho por el canto excéntrico.

El punto de vista de *Los heraldos negros* que Vallejo va a tratar si no de resolver, sí de auscultar más sistemáticamente en *Trilce*, es el de una poética que plantea la insuficiencia del nombre, en el sentido de que la experiencia moderna es una puesta en crisis de la fe nominativa idealista, y que lo codificado, el archivo de los saberes, no es suficiente para explicar la conflictividad moderna, cuya poesía de lo nuevo parte de una poética de la indefinición. Vallejo, en ese sentido, y no sin riesgo, extrema en *Trilce* esta exploración de un sujeto de la incertidumbre. Este es un sujeto que no solamente ignora las explicaciones dadas, sino que duda de la capacidad de la lengua para asumir el riesgo de su contradicción. Este no saber se instauraba desde el primer verso de Vallejo: «Hay golpes en la vida tan fuertes... Yo no sé!»; y equivalía a un no poder decirlo. Pero no se trata del no saber socrático, que deduce la evidencia de que «solo sé que nada sé», lo cual es la afirmación, después de todo, de una sabiduría robusta. Pero tampoco se trata del no saber de la poesía mística («un no sé qué que quedan balbuciendo»), que deduce la idea de una abundancia de comunicación, lo cual sitúa la insuficiencia del lenguaje en relación con la experiencia de lo sublime. En Vallejo se trata de un no saber sin aura: el de la carencia, que el poeta descubre y explora como intrínseco al lenguaje mismo. Es un problema intrínseco de la nominación: nombrar las cosas con las palabras que supuestamente las definen. Y en el desafío, diríamos, de nombrarlo todo de nuevo, como si nada estuviera nombrado, lo primero que urge hacer es renombrar. Porque tampoco Vallejo cae en el idealismo de un lenguaje adánico; no es el suyo un lenguaje fundacional o del primer día, sino que, más bien, es un lenguaje reescrito. Pero reescrito no por saturación figurativa, como podría ser el Barroco, sino por despojamiento, a través de las equivalencias, las sustituciones, y la mecánica sinecdótica de decir la parte inquieta del objeto en vez de su nombre naturalizado. Por eso, desde el punto de vista de la poética se puede afirmar que Vallejo nombra lo procesal; esto es, señala la fluidez de la experiencia que desata las cosas y hace que el lenguaje sea una materia subvertida. Porque el lenguaje no es ya una red para captar la realidad, ni siquiera su mapa a escala, sino que es un instrumento para decir otra cosa, para un decir otro.

Vallejo parecería creer, a veces hipotéticamente, que la nueva experiencia de la Modernidad tiene que construir un nuevo sujeto, capaz de operar como crítico, marginal y alterno. Este sujeto del español de esta orilla americana es un desheredado de la Modernidad y, por lo tanto, marginal a sus discursos codificados. Y el primer gran discurso codificado que va a desmontar es, claro está, el idealista. Es decir, el dogma de las verdades universales. Enseguida desmontará el discurso hispánico tradicional, que es una ideología infusa, un repertorio ideoafectivo de creencias y conductas que suma pautas gentiles, valoraciones tradicionales, cristianas y humanistas. Esa es la dimensión cotidiana de la tradición, y solo puede ser contestada dramática y despojadamente por el sujeto que está inserto en ella. Pero, además, en el caso de Vallejo esto es más complejo, porque en su libro emerge el subsistema regional, indígena y mestizo, mezcla de códigos de pertenencia y valoraciones hidalgas. Es muy difícil, y quizá vano, hacer un recuento de lo indígena y lo hispánico en Vallejo, porque evidentemente están entrecruzados, irresueltos, y seguramente coexisten sin la ilusión de una síntesis, como la materia de un saber del mundo que se traduce en el poema. Lo definitorio es que las pautas de conocimiento cultural que organizan los saberes aparecerán en *Los heraldos negros* como insuficientes. Y la incertidumbre misma del lenguaje es homóloga a este nacimiento de un sujeto del habla que debe aprender a decir todo otra vez. Las evidencias son de orden emotivo, y el lenguaje requiere ser ocupado por esa nueva subjetividad valorativa. Por eso en Vallejo encontramos quizá el proyecto poético más radical, riguroso y riesgoso de la poesía moderna en español, que es la construcción de un sujeto de la Modernidad que hable otro lenguaje, como si nada estuviera dicho y haya que decirlo todo de nuevo. La posibilidad de ese lenguaje es también la posibilidad de ese sujeto. Creo que su poética se puede seguir desde este punto de vista, por su misma indefinición, como si estuviese expandida al modo de un operativo verbal que, al enunciar, desdijera al propio lenguaje. Ese será, justamente, el programa que, con una voz más desnuda pero no menos compleja, desarrollará en *Trilce.*

Conviene empezar con las dificultades de *Trilce,* que no son pocas. La primera proviene de la edición misma. *Trilce* apareció en 1922, en trescientos ejemplares pagados por el autor, impresos en la Penitenciaría de Lima, compuestos por los presos a mano en una minerva de caja. Curiosamente, Vallejo no corrigió las pruebas del libro, sino que comisionó a un amigo suyo para revisarlas, y hay muchas erratas en esta edición. Pero como Vallejo se propuso también cuestionar la ortografía tradicional, oralizándola, algunas de estas erratas pueden ser voluntarias; esto es, incorrecciones deliberadas del propio Vallejo. Hay, evidentemente, errores del amigo que corrigió. Por ejemplo, dos poemas tienen el mismo número. Algunos críticos creyeron que eso es misterioso y que vale la pena descifrarlo. Pero es claramente una errata. Y hay también errores de la imprenta misma. Lo más extraño es que, para la segunda edición (impresa en 1926 en Madrid), Vallejo tampoco corrigió el libro. Es una de sus paradojas. ¿Habrá asumido las erratas como inherentes al proyecto de su libro? Esa segunda edición se debió a Juan Larrea, Gerardo Diego y José Bergamín, sus amigos; pero la copia que va a la imprenta es una transcripción a máquina que hace Gerardo Diego del ejemplar de Juan Larrea. Diego copia errores de los tres órdenes (de la imprenta, del corrector y debidos al poeta) que vienen de la primera edición; y añade, por si fuera poco, los suyos propios. Pero Vallejo, no menos curiosamente, en una carta dirigida a este cuando sale *Trilce*, le dice que está muy contento con la edición pero que lamenta mucho que hayan salido errores en el Posfacio de Diego, que es un poema a Vallejo. No menciona jamás los numerosos errores que salieron en su propio libro. Hay, claro, algunas peculiaridades ortográficas vallejianas que no estamos seguros si son errores de ortografía o decisiones suyas, o, como propone Américo Ferrari en su edición monumental de la Colección Archivos, «erratas consentidas». Un ejemplo es la costumbre un tanto rebelde de la época de escribir *j* en vez de *g*, o *i* en lugar de *y*; esta sería una de las protestas fónicas que había iniciado Manuel González Prada en el Perú y que algunos de sus discípulos ejercían como actitud antigramatical, privilegiando, de paso, la oralidad. Otro tanto pasa con la puntuación: en la primera edición de *Trilce*, los signos de interrogación o de admiración iniciales no siempre están consignados. En la edición de Ferrari, que es la mejor que hoy tenemos, se han regramaticalizado todos estas inconsistencias, y se ha preferido creer que estos errores no son del autor, y que aun si lo fueran, es mejor gramaticalizarlos. No estoy convencido de esa opción, como lo explico en mi edición de *Trilce* para Cátedra (1991), porque ante los poemas de Vallejo más vale documentar esa pequeña vacilación, que es homóloga a las grandes incertidumbres del libro. Pero el editor de una edición crítica tiene el privilegio de su propia hipótesis de lectura, y también el derecho a equivocarse. Hoy abundan las ediciones profusamente comentadas, que suelen demostrar el corto aliento de cualquier interpretación.

Otra dificultad de *Trilce* es más interesante: este es el libro más hermético que se ha escrito en la lengua castellana. Es más cifrado que la poesía barroca, porque esta era una poesía sobrecodificada que finalmente se puede traducir, aunque sea a prosa, como demostró bastante bien Dámaso Alonso con Góngora. En cambio, Vallejo no se puede siempre prosificar, porque muchas veces lo que dice es inexplicable o irrepresentable. Este hermetismo de la poesía de *Trilce*, por cierto, es una invitación al disparate, porque, como pasa siempre con la poesía hermética, sobre todo la simbolista, su ambigüedad semántica se presta a cualquier rearticulación del sentido desde el punto de vista impuesto en la lectura. Cualquier lector puede proponer cualquier interpretación para estos poemas. En mi edición de *Trilce* incluyo, después de cada poema, su historia crítica. No pocas veces esas interpretaciones son bastante licenciosas y, en algunos casos, hasta de un humor involuntario. Pienso, sin embargo, que todas ellas son legítimas, puesto que la naturaleza de la lectura es su relativismo; y ello supone la mayor relatividad de nuestro oficio hermenéutico. Es cierto que algunas lecturas son más pertinentes que otras, cuando añaden nueva información analítica; y en esa economía inquieta de la lectura, *Trilce* revela también su sistema reproductivo de sustracciones e inequivalencias.

Pero es preciso decir algo más sobre el hermetismo de Vallejo. Hay, como sabemos bien, una gran tradición de poesía hermética, y quizá su versión más cifrada, como advertí, sea la poesía simbolista. La poesía hermética simbolista, como podría ser el caso de Juan Ramón Jiménez, se basa en el principio del óptimo expresivo, que implica que el poeta está buscando lo que quiere decir de la mejor manera posible; y quizá por eso Juan Ramón Jiménez no se sentía satisfecho del todo con sus poemas y requería reescribirlos. De modo que cada vez estaba más cerca de decir exactamente lo que quería decir, o incluso más y mejor que solo eso. Ello propone que todas las palabras son absolutamente necesarias, y que si se modifica una palabra o una imagen, el poema ya no es el mismo. Esta noción del óptimo expresivo es absolutamente ajena a Vallejo. Su hermetismo no pasa por esta noción de una forma única del sentido. Conocemos ocho poemas de *Trilce* en su primera versión, y cuando los comparamos con la versión final, advertimos que Vallejo no está buscando decir mejor, sino decir menos. No persigue expresar mejor las cosas gracias a la concentración del lenguaje, sino decir menos de lo que el lenguaje dice, borrando sus conexiones más lógicas y referenciales, en una suerte de cifra plurivalente. Se trata, diríamos, de un proceso de resta, en el cual lo fundamental es la posibilidad de desrepresentar. Ese es el centro de la poética vallejiana en *Trilce*. Porque el lenguaje, naturalmente, está hecho para representar lo que designa, sustituyendo la cosa por su nombre. La primera función del lenguaje nominal es representar y, del metafórico, figurar. Pero Vallejo encuentra que este carácter representacional del lenguaje contradice literalmente lo que él busca decir. Por lo mismo, ensaya la elisión de las conexiones entre el lenguaje y las cosas, entre el mensaje y su probatorio referente. Y para borrar esas conexiones hay que extremar la sustitución designativa de lo que Jakobson llamó «la cadena paradigmática» o «el eje vertical», donde ocurre la combinatoria optativa y funcional del uso del habla. En lugar de decir lo que la lógica gramatical y la articulación semántica de la lengua imponen, se trata de decir otra cosa. La poética de Vallejo se basa en esta sustitución permanente: se ejercita en decir una cosa por otra. La figura que mejor utiliza es la sinécdoque, que dice la parte por el todo.

¿Por qué resiste Vallejo la naturaleza representacional del nombre? Porque la escritura le es insuficiente para explorar el habla incierta que balbucea bajo las certidumbres de la lengua natural. El poema se hace desde ese otro lenguaje dudoso, conflictivo, ambiguo, que erosiona la certeza. Y ello solamente se puede producir a través de la mecánica de la desrepresentación. Por eso al leer nos descubrimos abandonados por el lenguaje en la pura interpretación del poema. Exactamente como el espectador que observa un cuadro de Picasso desde todos los ángulos posibles, porque busca recomponer una figura natural a partir de la suma de sus partes, y termina devolviendo la imagen a un modelo natural prexistente. Es difícil hacer otro tanto con *Trilce*, que borra las conexiones y propone una imagen, digamos, cubista, donde lo que podríamos ver, en cambio, es el proceso de la construcción del poema; esto es, el proceso de una significación hipotética.[2]

Otra dificultad, algo anecdótica, son los amigos de Vallejo. Tuvo muy malos amigos; es decir, eran buenos compañeros pero pobres testigos. En Lima, en la época de *Trilce*, su testigo más cercano fue Juan Espejo Asturrizaga, quien en su libro *César Vallejo. Itinerario del hombre,*

2 Sucre, Guillermo. «Vallejo: inocencia y utopía», en su *La máscara, la transparencia.* México: Fondo de Cultura Económica, 1985, observó que todos los tiempos confluyen en un solo presente materno, en un tiempo territorializado por *Trilce.* En efecto, desde el núcleo familiar como ámbito de resignificación, donde las palabras construyen su propio hogar, el tiempo revierte en espacio, y hasta las «paredes de la celda» marchan «de la mano», como una familia matrilineal, ya fuera del territorio donde se abre el foso de la cárcel. En la intemperie del desierto deshumanizado, la poesía produce la humanización del mundo en un lenguaje capaz de hacer morada.

1892-1923 (1965) nos cuenta, no sin candor, que leyó un buen número de los poemas de *Trilce* mientras Vallejo los escribía. De modo que recuerda las motivaciones biográficas de ciertos poemas, solo que los reduce a su mera circunstancia. Es posible que esté en lo cierto, pero justamente eso demuestra no lo que Espejo quiere confirmar, que es el origen anecdótico del poema, sino lo contrario: la mecánica del lenguaje de *Trilce*, que procede a tachar las referencias. Aunque Espejo fue un gran lector de Vallejo, seguramente que este hubiera protestado la reducción biográfico-anecdótica que hizo el bueno de su amigo. Pero no podemos desechar esa información, y esta es otra de las dificultades interesantes de *Trilce*: la tensión entre lengua poética y lengua natural, que delata también esta correlación con los núcleos temáticos de la experiencia inmediata. En esos núcleos temáticos son muy importantes la muerte de la madre, la experiencia de la cárcel, su ruptura con Otilia. Esos contextos vitales demuestran la fractura de la variación poética entre experiencia y lenguaje: más que la forma de aquella, el poema es su mayor extrañeza.

La intemperie es el espacio de ese lenguaje haciéndose, que es un decir rehaciéndose. Y esa intemperie del sentido es un espacio, yo diría, alterno, resituado en su margen latinoamericano; su lugar de enunciación es la crisis del lenguaje en tanto mapa de mundo. ¿Desde dónde, en efecto, habla el sujeto de *Trilce*? Desde la ruptura de la lógica del discurso, al final de los optimismos y a nombre de una laboriosa diferencia crítica.

Un gesto de lo nuevo emerge en esa versión: la serie de tecnicismos, neologismos y términos insólitos que

Vallejo tuvo que haber encontrado en el Diccionario. Solo que la palabra *trilce* no está en los diccionarios. Tampoco, claro, los numerosos neologismos creados por Vallejo. Por eso, los glosarios de *Trilce* reducen, otra vez, el lenguaje del libro al lenguaje natural, con lo que demuestran su insuficiencia. La historia del término *trilce* es reveladora de la mecánica nominativa del libro, que se llamaba *Cráneos de bronce*, un título bastante tremendista. Y el poeta habría querido firmarlo, se ha dicho, no con su nombre, sino como *César Perú*, a la manera de Anatole France, pero sugiriendo el lugar de enunciación como una peculiaridad tolerada. Los amigos, después de mucho trabajo, lo convencieron de que el título era incongruente y el seudónimo, absurdo. Varios pliegos del libro habían sido impresos, y hubo que pagar tres libras a la imprenta por el cambio. Y jugando con la palabra *tres* apareció *trilce*. Algunos críticos prefieren creer que *trilce* viene de *triste* y *dulce*, lo cual, como vemos, es una traducción al lenguaje natural, preservado por el Diccionario. Georgette de Vallejo confiesa haber escuchado de Vallejo que el nombre *Trilce* era un juego de palabras, una broma. Pero creo que la mejor versión es la que el propio Vallejo hizo circular: que se trata de una palabra que no significa nada, o significa de otro modo, ya que alude a otro lenguaje. Un título, por eso, sin referente, producto del irónico valor suplementario del nombre.

Dentro de *Trilce* hay un diccionario del lenguaje trílcico. Y el significado trílcico de las palabras que se usan en *Trilce* documenta su función subversora del sistema lingüístico. A modo de ejercicio retórico conviene ahora detenerse en el poema más difícil del libro, que es el XXIX:

> Zumba el tedio enfrascado
> bajo el momento improducido y caña
>
> Pasa una paralela a
> ingrata línea quebrada de felicidad.
> Me extraña cada firmeza, junto a esa agua
> que se aleja, que ríe acero, caña.
>
> Hilo retemplado, hilo, hilo binómico
> ¿por dónde romperás nudo de guerra?
>
> Acoraza este ecuador, Luna.

No sabemos lo que esto significa, y quizá justamente de eso se trata. Es por esa calidad irresoluble que este poema entusiasma a los poetas. Colaboré con Haroldo de Campos en su traducción de unos poemas de *Trilce* al portugués, y con Clayton Eshleman en su traducción del libro al inglés, y a ambos los intrigó este oráculo peruano: «Zumba el tedio enfrascado / bajo el momento improducido y caña».

El primer peligro es reducir el poema a una escena de la vida cotidiana, gesto de arqueología que satura a los poemas con su reduccionismo. Por otro poema, sabemos algo de este mediodía «estancado entre relentes» (Trilce II). Y como observa Américo Ferrari, el tedio «enfrascado bajo el momento improducido» podría sugerir sopor, torpor, una cierta frustración que se mira con lucidez. Todo el poema demuestra precisión figurativa; esto es, el poema construye su propia experiencia enunciativa como lúcida y completa. Y esta es otra característica del libro: hay también en él un repertorio de imágenes, un libro de horas sin código aleccionador. En todo caso, el tedio enfrascado sugiere, por asociaciones peruanas, una canción quechua donde se habla de una mosca dentro de un frasco, que es una metáfora indígena de la muerte. Enseguida, es posible relacionar la palabra «frasco» a la palabra «caña». La caña es un aguardiente en el Perú, pero también remite a la caña de azúcar. Pero no cabría imaginar el tedio solitario del aperitivo en un mediodía de calor norteño. Se nos ha hecho patente que en los poemas de *Trilce* prevalece la noción de un proceso de gestación, lo que implica la exploración de lo procesal. El «momento improducido» parece implicar una crisis de esa secuencia: la inminencia en proceso resulta aquí incumplida. Pero si las asociaciones con la lengua natural no nos ayudan mucho es porque el poema habla su propio lenguaje, aquí con una calidad enigmática que se basa en su precisión figurativa, en su ciframiento. Es muy importante, perentorio y hasta dramático, lo que el hablante tiene que decirnos, aunque la precisión de sus términos sea inversa a su oscuridad semántica. En cualquier caso, lo que se nos sugiere con «tedio enfrascado» y «momento improducido» es una forma de temporalidad. Los dos primeros versos, en efecto, replantean un presente donde el tiempo vibra en una suerte de quietud lúcida, propia del mediodía, en la pausa, tal vez, del aguardiente. En la segunda estrofa vemos figuras geométricas: la línea recta, que es ilusoria, y la línea quebrada, que es más verídica, y que parece representar algo más vital o empírico. Aparece otra vez «caña», que también puede remitir a la planta («su sabor a cañas del lugar», dijo de Rita) y sugerir, además, una línea erguida. Esto es característico del diccionario interno de *Trilce*, donde las cosas siempre están transformándose en el lenguaje. Porque una cosa no es ella misma, sino que es su posibilidad de gestar otra. Se define, otra vez, por su condición procesal. En la siguiente estrofa de dos versos aparece una imagen clásica y tradicional, la del hilo de la vida, que es común en Vallejo. La metáfora de la vida como hilo que se templa, se anuda o se rompe, sugiere un tiempo paralelo o desdoblado. «Nudo de guerra» es una maravillosa metáfora, pero no contamos con su tercio excluido. La metáfora postula dos términos que se refieren a un tercero, aquí oculto, quizá escamoteado. Sin embargo, también se podría leer como una imagen de la temporalidad, del tiempo que ata y desata. La pregunta sería, así, una dramatización del poema. Expone sus propios términos y pregunta por sí mismo, sin responderse, eso sí. Y estratégicamente, ya que no hay respuesta, produce otra imagen trílcica. El poema, por lo tanto, trabaja a partir de sí mismo, en autogestaciones, generando imágenes que no van a ser traducibles al discurso natural, pero que son sistemáticas dentro de su propia organicidad. En el último verso, «Acoraza este ecuador, Luna», quizá podemos ver una proyección cósmica del debate del poema, donde «ecuador» sería una imagen del espacio lineal y «Luna», una del tiempo cíclico. «Acoraza» sugiere, en cambio, protección, defensa. Pero es cierto que «acoraza» (¿protege?) nos devuelve al grado cero de la interpretación. Solo para recomenzar la lectura inexhausta del poema, podríamos ver en esta serie de líneas paralelas (desencuentros) y rupturas de felicidad (crisis) una geometría emocional que transcurre entre la melancolía y el estoicismo.

La hipótesis vallejiana de la poesía está en Trilce XXVI. El poeta propone que la carencia define al lenguaje, y que el nuevo sujeto de la defectibilidad encuentra en la orfandad su propio poder. La imagen de la Venus de Milo opera aquí en un escenario que emula la postulación de Rimbaud sobre la belleza, que sentó en sus rodillas y encontró horrenda. Aquí se trata del arte de la carencia: su ausencia de brazos la convierte en una imagen de la belleza moderna. Es una imagen carente pero, así mismo, procesal. Por eso se refiere a «aúnes que gatean», a «vísperas» que recomienzan. Y, por fin, recomienda «Rehusad, y vosotros, a posar las plantas / en la seguridad dupla de la Armonía». En contra de esta versión tradicional, que es la regla ética y estética de la belleza clásica, el poema propone una armonía con minúscula, a la que veremos operar en el último poema del libro. Y demanda «¡Ceded al nuevo impar / potente de orfandad!». No el armónico par, sino el gestante impar es el signo de lo nuevo, de su diferencia.

«Este piano viaja para adentro» (Trilce XLIV) es también una metáfora del acto poético. Y así mismo el que empieza «Qué nos buscas, oh mar, con tus volúmenes / docentes!» (Trilce LXIX), que es un poema sobre la lectura de la naturaleza. El último poema, Trilce LXXVII, culmina este proceso de dificultades con la noción poética del recomienzo, que es la más complicada: la promesa de un ciclo de imágenes sin asidero discursivo; esto es, hecho en la pura futuridad de la palabra, en la virtualidad intrínseca, se diría, de un lenguaje de la radicalidad poética.

> Graniza tanto, como para que yo recuerde
> y acreciente las perlas
> que he recogido del hocico mismo
> de cada tempestad.

Este es un lenguaje metafórico descifrable en una postulación de la lectura programática; en este caso, como otra poética del libro. En efecto, las palabras son como perlas que se recobran, alegóricamente, de la experiencia. Pero el sujeto no se reconoce sino en el lenguaje que lo reconstruye. La poesía va a descubrir otros «flancos», así como va a descubrir otras «cuerdas vocales». Pero ello debe ocurrir en el poema, porque solamente podría ser revelado por el lenguaje poético. Así, el lenguaje poético es la construcción del sujeto. Solo que este es un proceso contradictorio: la armonía de lo nuevo demanda subvertir las representaciones naturales y asumir la contradicción, el sentido contrario, el tercio incluido. Subir para abajo, es decir, es preciso realizar la contradicción. Porque en el lenguaje natural se sube hacia arriba, pero en el lenguaje poético se sube, siempre, hacia abajo; esto es, la poesía dice lo que contradice. Por último, «Canta, lluvia, en la costa aún sin mar!» anuncia que la poesía está siempre por hacerse: es un territorio virtual.

Esta postulación de la poesía como un proceso por hacerse convierte al poema en lección de futuridad: la memoria y la experiencia son rehechas por el lenguaje más libre, el que nos viene del porvenir. Ese es el vanguardismo latinoamericano de *Trilce*, su carácter liminal; entre uno y otro mundo, entre uno y otro tiempo, sustenta la calidad de su promesa.

2.2. El discurso nuevo

Paradoja de la crítica: cada vez se sabe menos de Vallejo. La suya es una poesía que va en el sentido contrario. A contracorriente, regresivamente: hacia atrás pero sin término, y desde ningún comienzo definido. Discurre, se diría, en una resta del lenguaje; pero no a su silencio revelador, sino a su aprendizaje. Por eso, va en contra de la economía académica: cada vez se le estudia más y se le entiende un poco menos. Esta es la sensación que nos deja el adentrarnos en la historia emotiva de la futuridad, de la que nuestras certezas solo son aproximaciones. Ese futuro como origen es el proyecto de una comunidad de la lectura: todo es compartido por la palabra mutua, esa confesión revelada en su ocurrencia.

Por eso, siempre leemos *Trilce* por primera vez. El acuerdo de este acercamiento no puede sino asumir que la poesía es, en *Trilce*, una aventura en la incertidumbre. Lo incierto es la expectativa de certeza que tenemos sobre lo venidero. En esta poesía, el presente se explica no por sus orígenes sino por la necesidad de su esclarecimiento; esto es, por la parte de devenir que lo revela. Aun si la experiencia no se explica y el no saber prevalece, las evidencias de vivir, escribir y morir traman la zozobra de lo objetivo con el rigor documental del lenguaje poético, que aporta las pruebas de una revelación teoremática y urgida. «Me doy cuenta», «no me corro», verifica el poeta. Y «ya va a venir el día», promete.

Esta poesía empieza siendo una exploración del lenguaje de lo nuevo a partir de un sistemático desbasamiento; esto es, de una puesta en cuestión de las bases codificadas por el lenguaje natural, y por el propio *estar ahí* de lo dado, de aquello que pasa por lo real. Y por lo mismo, es una acción poética contra las autoridades del discurso moderno. Su poética, además, se desarrolla como un proceso de construcción de la voz de un sujeto que es el hijo de la Modernidad a deshora. Históricamente coincide con el radical escepticismo en las promesas de una Modernidad desmentida por su conflictiva modalidad hispánica. Por eso, este sujeto en construcción, que empieza en un acto verbal contra la tradición idealista, requiere desmontar la falsa consistencia del discurso dominante. La identidad del artista en *Trilce* no aparece como protagónica, en contra de la tradición vanguardista, que inaugura el protagonismo moderno del artista como héroe del discurso. Se podría argumentar que este sujeto es un antihéroe del discurso: no busca fundar sino desfundar. Y la identidad del artista de esta Modernidad a deshora resulta conflictiva porque los sistemas heredados para explicar el proyecto moderno se vuelven ajenos desde la producción periférica. De allí el nuevo valor de lo emocional, del cuerpo, de los ceros a la izquierda, esos nuevos menos, del absurdo y de la orfandad, términos que refieren una práctica de reducciones antidealistas y que postulan un nuevo poder, el del número impar. Este es el poder de la contradicción, la paradoja de lo que pasa por absurdo, el acto de subir para abajo, el canto de inéditas cuerdas vocales. La poesía es siempre el futuro del lenguaje. Y todas estas hipótesis de la poética de *Trilce* van a desarrollarse en la poesía posterior de Vallejo, en lo que conocemos como *Poemas humanos.*

Tenemos muchos problemas con este libro. En primer lugar, no es un libro. Se publicó en 1938, a pocos meses de la muerte de Vallejo, como una compilación apresurada de lo escrito entre 1923, fecha en que llega a Europa, y el año 1938. De modo que ni el orden del libro ni la suma de lo inédito son decisión del poeta. El título tampoco es suyo. Él solía hablar, con ironía, de «mis poemas humanos», para referirse a su trabajo inédito, según su viuda. Georgette de Vallejo y el historiador peruano Raúl Porras Barrenechea, entonces diplomático en París, editores del libro, decidieron este título. Juan Larrea, en su compilación de Barral Editores, imaginó dos libros: *Nómina de huesos* y *Sermón de la barbarie.* Luego se ha preferido *Poemas de París*, para simplificar. Por lo mismo, *Poemas humanos* es una compilación póstuma que reúne los poemas sin ningún criterio cronológico ni formal. Se compuso, para colmo vallejiano, en una imprenta que solo tenía tipos franceses, origen de muchas de las erratas.

No siendo una edición preparada por el autor se comprende los varios malentendidos que están al centro de las dificultades de *Poemas humanos.* Uno de ellos es el de los poemas fechados. Hay sesenta datados al pie, lo que suscitó la leyenda de que Vallejo los había escrito en tres meses. Se creyó que en una especie de *raptus* dramático, visitado por esas musas feroces que lo cautivaban, había escrito estos poemas de un tirón. Más razonable es pensar que las fechas no son de escritura sino de corrección. Y que Vallejo, a lo largo de esos años europeos, estaba preparando un libro definitivo. Evidentemente, puso en limpio, a máquina, esos sesenta poemas y los fechó, con este posible libro en mente. También se puede argüir que fechar la última corrección sugiere que no era la final. En cualquier caso, estamos, al parecer, ante un *work in progress.* Más recientemente ha sido conocida otra serie de manuscritos (tachados por el poeta) de los poemas de París, que demuestra fehacientemente que el proceso de composición es uno de larga reescritura. Es probable que la raya central que tacha al poema revisado indique que tiene una copia puesta en limpio. La mayoría de lo tachado y revisado es ilegible, aunque en ciertos pasajes alguna información parece al menos revelar las opciones que el poeta considera. Se confirma, así, que la tachadura era un operativo intrínseco a la escritura vallejiana.

Otro de los enigmas de *Poemas humanos* es la suerte de desconfianza en el poema impreso que revela Vallejo, pues aparte de unos pocos poemas en revistas, no publicó nada durante los años de exilio. Su dedicación al marxismo, que se acentúa hacia el año 1926, y que el año 1931 lo lleva a inscribirse en el Partido Comunista Español (ese año vive en Madrid, y se proclama la República), puede haber tenido que ver con ese silencio, según concluyen algunos. No solo porque estudia a los clásicos, sino porque experimenta una especie de responsabilidad adicional frente a la palabra; y, aparentemente, mientras no está satisfecho con una fusión superior entre sus credos políticos y su palabra poética, prefiere mantener silencio. Pero esta explicación solo es especulativa. Me inclino a pensar que en la misma poesía que escribía no encontraba asir las revelaciones o manifestaciones que esperaba de la palabra poética. En todo caso, esto conlleva el problema de la cronología de los poemas: para conocer mejor el proceso de exploración sería fundamental esa presunta ordenación. No tenemos la idea de un proceso, que es un modo de leer quizá ilusorio pero necesario para la crítica. Entendemos, en cambio, que un libro era para Vallejo un desarrollo orgánico, como lo fueron *Trilce* y *Los heraldos negros*. Estos libros están pensados sistemáticamente como tales, no son colecciones de poemas sino procesos, incluso declaraciones completas. Por lo mismo, al analizar el pensamiento poético de Vallejo en *Poemas humanos* encontramos una serie de contradicciones aparentes, o de tensiones y ambigüedades que resultan reveladoras del carácter discontinuo de su escritura, lo que refleja la zozobra del poeta entre varios paradigmas y modelos de habla. Pero aun si tal es el caso del conjunto heterodoxo del libro, podríamos restablecer no uno sino algunos procesos en la exploración inquieta del mismo, y no necesariamente en torno a núcleos temáticos, lo que siempre ha simplificado su poesía, sino a las funciones del habla poética. Una de esas funciones es de índole moderna: la fundamental desconfianza en la palabra, a la que hace pasar por una serie de filtros, puestas a pruebas y cotejos críticos. El lenguaje es cernido por la experiencia específica y la interrelación histórica, lo que a Vallejo le importa mucho en este libro, porque podrían articular una suerte de alternativas provisorias que configuren su sentido estructurador. El poema se le aparece como un artefacto de significación alterna, no porque sea autónomo, sino porque equivale a otros artefactos de registro. No es un producto natural del lenguaje, sino su operativo de refiguración metonímica. Tal vez, como en el arte gráfico de la Vanguardia rusa, Vallejo intenta forjar un medio capaz, verbalmente, de su propia lógica, sintaxis y forma. Es sorprendente, dado el caso, el paralelismo entre algunas prácticas de aquel arte con estos poemas. Se tiende a ver en el diseño de la representación vallejiana una familiaridad cubista. Y no en vano, dada la mutua reconstrucción de la figura en el drama de su representación. Pero la posible relación con la Vanguardia rusa de la década de 1920 podría tener un carácter más formal, sobre todo por el sentido de la actualidad manejada no como información, sino como su medio de elaboración: con materiales gráficos, impresos o compuestos, por oposición al lienzo; pero, más que eso, por la ruptura de la sintaxis de la representación. En la producción de El Lissitzky (1890-1941) y los suprematistas, por ejemplo, las figuras geométricas rompen la norma del equilibrio y se sostienen en la articulación puramente gráfica. El arte, se diría, descubre una función reveladora inmediata: postula una nueva perspectiva para los signos en la temporalidad. Si bien es notable el despliegue fenomenológico del pensamiento poético de Vallejo, que opera con información inmediata y empírica, su método consiste en reordenar los hechos o los objetos en una sintaxis poética cuya rearticulación, emotiva y analítica, compromete el orden de las palabras en el verso, en la secuencia, y la sorpresa o la alarma que recorre al poema. Se trata de un principio de construcción inductiva. Las palabras no son solo los nombres de las cosas sino su actividad, forma y nueva versión del sentido.[3]

3 Conviene no olvidar el intenso periodo vanguardista de Vallejo, que cristaliza en la revista que publicó con Juan Larrea, *Favorables París Poema.* Aunque solo fue un cuaderno de dieciséis páginas del que salieron apenas dos números (julio y octubre, 1926), la nota de Vallejo en el primero, «Estado de la literatura española», acusa a Unamuno de no suscitar, «bajo su contagio de iluminado», a quienes «embracen todo el peso, toda la responsabilidad del porvenir». De Ortega y Gasset dice «es apenas un elefante blanco en docencia creatriz». Y sentencia, con grandilocuencia bufa, «Declaramos vacantes todos los rangos directores de España y de América. La juventud sin maestros está sola ante un presente ruinoso y ante un futuro asaz incierto. Nuestra jornada será, por eso, difícil y heroica en sumo grado». Aunque, en el segundo número, es notable lo poco vanguardista que el poeta es, al menos cuando declara la integridad orgánica de un poema: «Un poema es una entidad vital mucho más orgánica que un ser orgánico en la naturaleza. A un animal se le amputa un miembro y sigue viviendo; a un vegetal se le corta una rama o una sección del tallo y sigue viviendo. Si a un poema se le amputa un verso, una palabra, una letra, un signo ortográfico, MUERE». Un vanguardista asumiría que el texto es permutante gracias a que carece de centro y de función, se basta como fragmento sin figura que demostrar. Pero el concepto orgánico del poema es más interesante: el poema está vivo y, por eso mismo, requiere del espacio comunicativo, del lector de lo nuevo y de la lectura en cuyo espacio lo nuevo se despliega.

Bien visto, *Poemas humanos* pone en acción un dispositivo poético múltiple. En primer término, comprobamos que el poema ensaya la fluidez entre el verbo y la materia. Los nombres elementales (*yerba, palo, hojas, llanto, piedra, huesos...*) actúan con un relieve intensificado. Su función designativa adquiere un valor icónico de lo elemental, enumera una materia prima del discurso por hacerse («mi inmensidad», «torrente», «tonelada», «masa»...). En segundo término, el poema trabaja esos materiales en un discurso cuyos formatos lo procesan y resitúan: el coloquio, la salutación, la epístola, el contrapunto de preguntas y respuestas, el acta levantada del evento, anuncian la extraordinaria flexibilidad elocutiva del libro. Esta retórica (exclamativa, interrogativa, meditativa) funde el acto de enunciación con la forma de exposición. El poema, así, es una efusión verbal plena, realizada por el ritmo salmódico, las premisas del documento, las preguntas retóricas que reafirman su respuesta. Se trata de una hipótesis de trabajo: la forma de decir (la enunciación) debe ser capaz de articular la demostración de los hechos (las pruebas enunciadas) con su interpretación (la tesis que los proyecta y revela). En otras palabras, los hechos son procesados por una hermenéutica que les da sentido.

Hay que decir que la paradoja de la fase final de la poesía de Vallejo es que la Guerra Civil Española va a ser una resolución poética para las series de tensiones internas que hay en su obra europea. Porque, ante la experiencia de la guerra, todo cuaja, todo se funde en un libro completo que su trabajo poético ha hecho posible. Hay un cierto carácter novelesco en esta condición fragmentaria e irresuelta de los papeles de un libro posible y sin título (cuyas partes son mayores que su suma), que acaba siendo remplazado por su fantasma, que lo encarna. Varios poemas de *España, aparta de mí este cáliz* son microrrelatos, que contienen un sistema de casos, variantes, argumentos, respuestas y conclusiones. Cada poema presupone y produce el libro de la apoteosis solidaria, de la crisis del lenguaje, de la crítica de las representaciones dadas.

Por otra parte, en *Poemas humanos* se declara el lugar de enunciación, que es el espacio urbano moderno: la ciudad, en este caso París, donde Vallejo se encuentra con la historicidad de lo actual, que descubre como la ocurrencia simultánea de varios tiempos en disputa. Debe haber sido, como buen citadino mundial, un gran lector de diarios y revistas. Dice «Y de lo que hablo es de lo que ocurre en la China». Y el trabajo que le importa parece ser, justamente, esta rearticulación de su propio lenguaje al desafío que es para su poesía la presencia de un sujeto histórico moderno urbano. Este sujeto ya no es el hombre pobre de *Los heraldos negros*, tampoco es el sujeto de la orfandad de *Trilce*; es, más bien, el sujeto de la crisis, representada por el desocupado. Hay que recordar que Vallejo está en París y en Madrid, y recorre Europa en años de intensa crisis social y de transformación política. Y asume como su sujeto hablante al parado. Este trabajador sin trabajo, «parado en una piedra», como expresa con varios juegos connotativos, debe habérsele impuesto como el interlocutor del poema de la ciudad, donde ya no habla solo la persona poética, sino el sujeto marginal, con el que se identifica. Sujeto de la historicidad crítica, está atravesado por distintos discursos y oscila entre diversas opciones, algunas incluso irónicas, otras próximas a una de sus figuras preferidas, la de Charlot. Construye desde esos márgenes el soliloquio que represente esas voces en el teatro del habla.

Sin embargo, este lenguaje vallejiano, a pesar de su articulación con la experiencia de la historicidad verbal, sigue cultivando el principio hermético. Se trata de un lenguaje típicamente suyo: oblicuo, metafórico, hecho de antítesis, simetrías y analogías, que evocan el diagrama retórico quevedesco. Ocurren entre grandes tensiones paralelas. Las palabras ya no son el nombre de las cosas solamente, sino su pensamiento mismo. Y son capaces de suscitar una suerte de taller verificador del mundo y sus nombres: cada cosa se debe a su nombre. Es, claro, un trabajo a escala emotiva y a la vez inquisitiva. Interesantemente, la emoción podía ser genealógica en su poesía anterior, y por lo mismo, evocativa, aunque las resoluciones ocupaban ya el presente. Luego, la emoción adquiere un estatuto dramático, tangible y actual; hay una biografía de las emociones en *Trilce.* En *Poemas humanos,* en cambio, el universo emotivo es un flujo discontinuo y documental, porque refracta el dolor moral, la miseria humana (y humanizadora) del sufrimiento, la agonía de la conciencia, la violencia de la pobreza, la vulnerabilidad del cuerpo. El dolor, en fin, de lo vivo. Y no solo como registro, sino como proceso de su discernimiento.[4]

---

4 William Rowe discute la extensión del campo semántico del dolor, y en su trabajo «César Vallejo: el dolor como signo cultural», en su libro *Hacia una poética radical. Ensayos de hermenéutica cultural.* Buenos Aires: Beatriz Vi-

La emoción se hace política, no solamente testimonio o protesta. Sobre todo se deshace como pensamiento diseminado en la fuerza de su ocurrencia. Los límites de este lenguaje, nos sugiere el poema, son los de esta emoción, que clama encendida, exclama indignada y reclama su estatuto entre registros agónicos y esta escena en construcción. El mundo moral es un sistema emocional en *Poemas humanos*, cuya ética afectiva parece aludir a una comunidad

---

terbo, 1996, propone que Vallejo, José Carlos Mariátegui y José María Arguedas constituyen «una tradición moderna fundamental en el Perú [...] que se ocupa de criticar aquellos discursos que no permiten la simultaneidad de temporalidades y culturas, y que tratan de imponer una jerarquía de modelos occidentales de progreso». Los une, concluye, una investigación de las relaciones entre «la política, el lenguaje y lo irracional». En Trilce I, la crítica del sistema económico (la extracción de materia prima, en este caso la exportación del guano de las aves marinas como fertilizante) articula, por un lado, el sarcasmo de una producción que procesa lo residual y, por otro lado, la irracionalidad de la justicia que, al servicio de los poderosos, tiene en la cárcel su espacio residual e infrahumano donde, irónicamente, el individuo vale menos que el guano. El lenguaje, en efecto, controla la irracionalidad política desde la ironía analógica del poema. No extraña que la agonía de la República Española (la última causa justa, se decía) geste en Vallejo un nuevo lenguaje. Como dice Hans Magnus Enzensberger en su artículo «Vallejo: víctima de sus presentimientos». En Julio Ortega, *César Vallejo.* Madrid: Taurus, 1985: «La fuerza inspiradora de estos poemas no es una idea, sino una experiencia: la experiencia del dolor». En «La religiosidad. César Vallejo», incluido en su libro *Experiencia de la poesía.* La Habana: Úcar, García y Cía., 1944, Cintio Vitier propuso una lectura de esta experiencia desde la religiosidad, también planteada por la lectura de Gustavo Gutiérrez. Dice Vitier a propósito de «Voy a hablar de la esperanza»: «no se trata de una desesperación, de una crisis metafísica parcial o momentánea, ni siquiera de un hambre solo espiritual, sino del ser íntegro del hombre como naufragio y hambre». Se trata, al final, del dolor ocupando el lenguaje a partir de la experiencia específica, el correlato deshumanizado, la violencia padecida, y la necesidad de proveer una imagen del devenir.

en estado de alarma. Por ello, la especificidad va a ser definitiva en el proceso de este libro. Porque la perspectiva de esta producción poética se propone una materialización o sustantivación del nombre. La práctica antidealista, que fue de ruptura radical en *Trilce*, se convierte en sistemática, para devolverle a las cosas su materialidad desde el lenguaje. Esta práctica es crítica, porque entiende que las palabras pueden alejarnos de la urgencia de lo real. Se impone, por esto, restaurar la matriz del lenguaje en el mundo, devolverlo a sus fuentes y recuperar, en el proceso, el valor del cuerpo, del tiempo, de la voz, de lo más vivo y precario; no para confirmar el dualismo vulgar entre espíritu y materia, sino, más bien, para fundir el saber de la experiencia y el pensamiento en la mediación verbal. Evidentemente, su inspiración materialista tiene que ver con esta exploración de la dimensión de lo físico como central y sustancial; aunque también se podría entender este afincamiento no solo en la referencialidad, sino en la sustantivación verbal como una forma de nominalismo que confirma al trabajo poético. Vallejo no rechaza un mundo subjetivo a nombre de otro evidente, sino que trata de relaborar el sentido de la objetividad en la demanda, crítica y emotiva, del poema.

Lo que hay que tener en cuenta es que la historicidad de lo moderno no se le aparece como una utopía social, a pesar de su prédica política e ideológica, sino que se le aparece como el discurso del sufrimiento y de la carencia a partir de lo cotidiano. No aduce una verdad general (idealismo) sino una práctica crítica (liberación del nombre). Lo que el poema busca es sacar lo cotidiano de la metafísica, de las explicaciones idealistas, y situarlo en la relatividad de lo empírico. Este sujeto es el hablante de la carencia moderna: el desheredado de las promesas del discurso de la Modernidad. Su hermetismo, por eso, también puede ser entendido como una resistencia a las lecturas dominantes, que procesan la irracionalidad del sistema peruano o latinoamericano como transparente y del todo legible.

En Vallejo, lo que vemos es una definición de la Modernidad como incumplimiento en sí misma. Pero no se limita a una crítica de lo moderno, sino que plantea una participación dentro de sus prácticas para hacerlo cambiar de signo a partir de la técnica de un lenguaje desnaturalizado y devuelto al hablante. Esta fuerza deconstructiva y descentradora vallejiana forma parte del debate latinoamericano de la Modernidad, al que añade una variante intransigente: se trata de cambiarle el signo a ese debate para que el sujeto de la Modernidad, el discurso que propaga y la práctica que los reproduce generen alternativas de contradicción que sean un pensamiento de la condición humana desde los márgenes que la recusan. No ha de extrañar, por lo mismo, que al dominio del Estado en la Revolución Rusa oponga las tareas futuras del obrero en la gestión.

Para analizar algunas instancias de este pensamiento poético conviene empezar por un poema escrito en un hospital parisino. Es el siguiente:

> La vida, esta vida
> me placía, su instrumento, esas palomas...
> Me placía escucharlas gobernarse en lontananza,
> advenir naturales, determinado el número,
> y ejecutar, según sus aflicciones, sus dianas de animales.

Encogido,
oí desde mis hombros
su sosegada producción,
cabe los albañales sesgar sus trece huesos,
dentro viejo tornillo hincharse el plomo.
Sus paujiles picos,
pareadas palomitas,
las póbridas, hojeándose los hígados,
sobrinas de la nube... ¡Vida! ¡Vida! ¡Esta es la vida!

Zurear su traición rojo les era,
rojo moral, palomas vigilantes,
talvez rojo de herrumbre,
si caían entonces azulmente.

Su elemental cadena,
sus viajes de individuales pájaros viajeros,
echaron humo denso,
pena física, pórtico influyente.

Palomas saltando, indelebles
palomas olorosas,
manferidas venían, advenían
por azarosas vías digestivas,
a contarme sus cosas fosforosas,
pájaros de contar,
pájaros transitivos y orejones...

No escucharé ya más desde mis hombros
huesudo, enfermo, en cama,
ejecutar sus dianas de animales... Me doy cuenta.

En este poema vamos a observar algunos rasgos característicos del libro. En primer lugar, estas palomas aparecen como instrumentos de la vida misma. Son un dato referencial muy claro y, a la vez, ya alegórico. Podemos convenir en que el hablante está viendo unas palomas y que al nominarlas las está representando como otro lenguaje. El lenguaje natural funciona evocativamente, y, sin embargo, cuando dice que las palomas son «instrumentos» de la vida advertimos que el nombre es parte de un discurso que solo se revela en una serie de transformaciones. La primera es que el nombre que representaba al objeto va a entrar en una serie alterna, en una secuencia de funciones que exceden a su objeto. En este poema, como es evidente, las palomas se convierten no solamente en emblemas de la vida, sino en figuras de un discurso alterno sobre la vida. Son signos de un texto (del mundo) cuya lección transformativa (verbal) debemos rearticular. En ese sentido, el poeta forja su propio alfabeto, un poco como hacía ya en *Trilce*, solo que aquí el valor de renombrar está en la gestación que abre una nueva serialización lexical. No estoy seguro de que podamos llamar «simbólica» a esta función serial, pero quizá sí podemos considerarla alegórica, que sería una segunda instancia de lo emblemático, dentro de un mecanismo de renominación según el cual las palomas van siendo citadas una y otra vez en una especie de intensificación simétrica que hace recordar el aparato retórico del Barroco. Así, este descubrimiento sobre la vida es una declaración que está desnuda de los saberes establecidos. Las palomas son un lenguaje del mundo que el poema cifra. No provienen de ninguno de los discursos dados (explicaciones filosóficas, religiosas, políticas) y solo se manifiestan aquí a través del alfabeto del mundo articulado poéticamente. Como un hablar de nuevo con las palabras de siempre, esta habla se produce solamente en el poema. Se trata de un típico mecanismo de amplificación figurativa, de origen barroco y distinción vallejiana. Pronto, las palomas se convierten en el lenguaje suficiente del poema, donde sobrevuelan como un gran significante dinámico. Si atendemos a la organización de los hemistiquios, advertimos la extraordinaria flexibilidad del coloquio vallejiano. Los hemistiquios («La vida, / esta vida me placía, / su instrumento, / esas palomas») sugieren la segmentación designativa, pautada por un ritmo enumerativo, que está figurando el movimiento de las mismas palomas. Percibimos que los sintagmas poseen el leve temblor que se puede advertir en un grupo de palomas. La diversificación del ritmo, que se basa en esta distribución discreta de las unidades de los hemistiquios, refleja, icónicamente, esta gestualidad de las palomas. Evoca, enseguida, «Me placía escucharlas gobernarse en lontananza». En este verso podemos percibir el vuelo de las palomas, como un remontarse denso y flexible. Y añade «Advenir naturales, determinado el número», lo que grafica la circulación de las palomas, que en el siguiente verso se prolonga: «Y ejecutar, según sus aflicciones, sus dianas de animales». El poema es visual e icónico, pero lo es también la figura fónica: «Encogido, / oí desde mis hombros / su sosegada producción», donde el sonido reproduce este movimiento gestual. Sigue un maravilloso verso de clara estirpe barroca: «Zurear su tradición rojo les era», de sonoridad plena y tensión interna evocativa. Hace recordar incluso las simetrías sonoras de Fernando de Herrera: «Rojo sol que con hacha luminosa...». Pronto, el poema (de regusto eglógico) alude a su propia producción emblemática barroca, y se percibe un ligero deleite lexical arcádico, que refuerza esta figuración al mismo tiempo abundante, dinámica y fugaz. Porque las palomas son instrumentos de la vida que se pierde, y su belleza y pasaje son evidencia de la vulnerabilidad de lo vivo. Creo que este es un buen ejemplo de la complejidad, elocuencia y función del coloquio en el discurso poético del libro.

Esta exploración de la palabra de la sustantivación lleva a Vallejo, en este libro, a desconfiar y a cuestionar directamente, varias veces, los discursos intelectuales de la hora. Uno de los poemas más claros en esta dimensión es «El libro de la naturaleza». Esta es una de las metáforas del mundo como una escritura, una privilegiada imagen que cada periodo reasume (Curtius se ocupó de la tradición de su uso, que fue central en poetas del gran Simbolismo, como Novalis). En el mundo leemos un libro escrito por Dios al revés y al derecho, decía Claudel. Vallejo está muy interesado en esta metáfora tradicional del saber retórico de la literatura occidental. Y la recobra para reescribirla, ya que la lectura que quiere poner en práctica implica, precisamente, un mundo recuperado por un nuevo alfabeto.

El libro de la naturaleza

Profesor de sollozo —he dicho a un árbol—
palo de azogue, tilo
rumoreante, a la orilla del Marne, un buen alumno
leyendo va en tu naipe, en tu hojarasca,
entre el agua evidente y el sol falso,
su tres de copas, su caballo de oros.

Rector de los capítulos del cielo,
de la mosca ardiente, de la calma natural que hay en los asnos;
rector de la honda ignorancia, un mal alumno
leyendo va en tu naipe, en tu hojarasca,
el hambre de razón que le enloquece
y la sed de demencia que le aloca.

Técnico en gritos, árbol consciente, fuerte,
fluvial, doble, solar, doble, fanático,
conocedor de rosas cardinales, totalmente
metido, hasta hacer sangre, en aguijones, un alumno
leyendo va en tu naipe, en tu hojarasca,
su rey precoz, telúrico, volcánico, de espadas.

¡Oh profesor, de haber tanto ignorado!
¡oh rector, de temblar tanto en el aire!
¡oh técnico, de tanto que te inclinas!
¡Oh tilo! ¡oh palo rumoroso junto al Marne!

Este poema es bastante explícito en lo que dice, y reitera incluso las evidencias; pero su mecánica enunciativa es una indagación estricta por un saber sin nombre. Plantea, con la misma técnica del poema anterior, una imagen central, la del árbol, como el emblema recobrado del mundo natural y de los discursos que mal lo explican. Así, el árbol resulta más sabio que los sabios del saber establecido. Y este saber del árbol, como el saber del hombre de la orfandad de los primeros libros, es un no saber. Es profesor por «haber tanto ignorado», con ignorancia que es sabiduría, porque el centro de este saber del poema sobre el mundo natural desplaza a todos los saberes establecidos. En buena cuenta, solo en el habla del poema el árbol recupera su calidad alegórica, tradicional y nueva. Por eso, la necesidad de hacer hablar al árbol en el lenguaje del poema requiere de otra función icónica: la distribución, otra vez, del ritmo versal. Cada una de las estrofas, en efecto, está compuesta en torno a un hemistiquio eje, sobre el cual la primera parte de la estrofa se mueve hacia la segunda. En un caso es «Un buen alumno»; en el otro, «Un mal alumno»; al final, en la tercera estrofa, «Un alumno». En este paralelismo, el poema gira sobre sí mismo, como si se tratase de una baraja, y el movimiento de los versos reproduce el de los naipes.

En «Un buen alumno / leyendo va en tu naipe, en tu hojarasca, / entre el agua evidente y el sol falso, / su tres de copas, su caballo de oros», vemos que la baraja se abre en los versos que la reparten. Y esa enumeración subraya el movimiento de las hojas del árbol, donde se lee lo que carece de código: el azar. Lo enigmático está en la implicación de que leer la naturaleza es leer el azar del sujeto en la lección del mundo. Lo que el poema se propone es reescribir la tradición de la lectura transparente de la naturaleza. Porque si hay una lectura de la naturaleza es en tanto un código permite ordenarla, y ese código puede ser botánico, médico, religioso, pero también romántico, naturalista, simbolista. Para Vallejo, en cambio, esta lectura es dramática e incierta, ya que el azar está instaurado entre el sujeto que lee y el texto a ser leído.

El manejo del coloquio y la ductilidad de este sistema rítmico-sintáctico son de un trabajo elaborado y sostienen la autoridad, diríamos, de un discurso sobre una carencia, sobre esta lectura por hacer una nueva lectura. Tanto «La vida, esta vida...» como «El libro de la naturaleza» son poemas que están en sí mismos completos, realizados como un proyecto exhaustivo. Por lo tanto, vale la pena detenerse un poco en esta extraordinaria ductilidad del coloquio. Este coloquio vallejiano tiene la peculiaridad de que funciona como un inventario. Ocurre como si se propusiera el balance analítico de ciertas situaciones y condiciones, ligeramente insólitas, tocadas por la ironía de la hipérbole, por un cierto asombro y escándalo. Se trata de una documentación estricta, teoremática, de la vida humana en la historicidad desigual de lo moderno, solo que está comentada con la entonación reflexiva de un soliloquio, a veces con cierta bonhomía, de una charla mundana. O sea, con el lenguaje más urbano, que es un habla de sobrentendidos y complicidad.

Por eso, buena parte de estos poemas está hecha a partir de la enumeración paralelística, cuyo recuento funciona como el levantamiento de un acta. Es el caso del discurso irónico de los considerandos: «Considerando en frío, imparcialmente, / que el hombre es triste, tose y, sin embargo, / se complace en su pecho colorado; que lo único que hace es componerse / de días; / que es lóbrego mamífero y se peina...». Esta retórica del acta está directamente relacionada con una de las nociones poéticas centrales en el libro, la del poema como documento de la situación humana en esa instancia de su decir posible. Este carácter documentario existencial del coloquio se basa, aunque no la reproduce, en la lengua oral, en su elocuencia y su resonancia. Es una oralidad a veces laboriosa, porque pasa por una serie de filtros y registros donde el lenguaje natural es transpuesto, cernido por la hipótesis sumaria del poema. Ciertamente, nadie le diría a otra persona «A la cabeza de mis propios actos, / corona en mano, batallón de dioses». No se trata del habla de la comunicación. El lenguaje natural opera en otro plano comunicativo, que sostiene al coloquio en el carácter probatorio del inventario.

Dos grandes tradiciones coloquiales son el horizonte de esta habla poética. Por una parte, el lenguaje jurídico documental, rico en la retórica probatoria. Hay poemas vallejianos que son como teoremas donde las cosas se van demostrando para deducir o inducir una conclusión. Pero muchas veces se elude la conclusión y se llega a una exclamación: «y le doy un abrazo / emocionado. / ¡Qué más da! Emocionado... Emocionado...». Es característica de Vallejo esta ruptura de la comunicación natural en una efusión emotiva. Porque como la comunicación no puede llegar a una resolución, a pesar de la promesa implícita en el imperativo clasificatorio, culmina en una exaltación de los sujetos hablantes. Y este exceso expresivo equivale a un gesto de comunión. Así, el lenguaje coloquial sirve para ponernos de acuerdo en que no hay acuerdos finales pero sí es posible esta suerte de comunión dialógica, tan resignada como exaltada, entre los interlocutores convocados. Pero, por otra parte, el coloquio viene también de la retórica sacra. Vallejo probablemente es el poeta en español que más ha aprovechado el lenguaje religioso, las imprecaciones y lamentaciones de los profetas, tanto como las parábolas de los Evangelios. En inglés probablemente W.B. Yates y Eliot han sido los poetas que mejor han utilizado ese archivo retórico. Valdría la pena distinguir entre Eliot y Vallejo en cuanto al aprovechamiento de un lenguaje tan codificado que ambos desplazan de su estatuto formal hacia un discurso más bien incierto, planteado por el sujeto del desamparo urbano. La mayor diferencia entre ambos es que el aparato retórico de la oratoria sagrada en Vallejo se mueve a través de su recodificación católica popular. Esa intradiscursividad se puede advertir en los modelos de habla reapropiada: epístolas, sermones, himnos. El poeta no los utiliza para propiciar una convicción, sino para intervenir en el drama comunicativo de un lenguaje que limita con el entendimiento; esto es, para pensar lo impensable de la experiencia extrema.

Lo que tenemos en el coloquio es una versión oral, y la oralidad, por definición, es una pauta temporal. Así, el coloquio es, antes que nada, duración: es un despliegue de tiempo reverberante y memorable. Esta duración solo es verificable como enunciado, pero deja la huella de su ardimiento en él. La duración oral excede al lenguaje gramaticalizado y formalizado por los códigos de uso, y subvierte esa lógica en su textura resonante. Siendo duración, el coloquio puede subvertir los códigos, lo que Vallejo descubrió ya en *Los heraldos negros*: «Qué estará haciendo esta hora / mi andina y dulce Rita», donde borraba las preguntas y prescindía de la preposición y otras marcas de gramaticalidad, ganado por el puro probabilismo de la evocación. La duración del coloquio, al final, se desdobla en sí misma como un espectáculo verbal, al punto de que cada poema es una escena del habla ocurriendo y trazando su recorrido. En la poesía de Vallejo ocurre que la lengua oral (su marca en la textualidad del poema es una dicción distintiva) es una herramienta con la cual se abren y se desbordan todos los discursos construidos por el estatuto de lo escrito. Al mismo tiempo, la oralidad reconoce la presencia del hablante, su marca corporal en la voz. Allí donde ocurre lo oral está citado el cuerpo insondable del hablante. En la dicción urbana (informada, crítica, mundana) también opera la intimidad de un acuerdo profundo en el valor de la comunicación. Por todo ello, esta documentación oral de la condición humana moderna aparece, al final, como una pragmática, porque el lector está convocado permanentemente. No funcionaría este aparato retórico si el lector no estuviese implicado en él. Porque el lector está citado con sus propias palabras a la complicidad que es el lenguaje de la exclamación. Las exclamaciones son gestos que convocan al oyente a un acuerdo comunicativo; no en una conclusión, como hace el lenguaje natural, sino más bien en una compañía mutua sobre aquello que no tiene respuesta: «Qué más da».

La radicalidad poética de Vallejo en estos años es solitaria, casi insólita en un intelectual latinoamericano que sobrevive en París. En este momento hay tres discursos muy poderosos que se disputan la concurrencia de los jóvenes escritores latinoamericanos. El más explícito es el del marxismo, y Vallejo se concibe militante en él, aunque lo haga de un modo muy singular. Los otros dos discursos son el Surrealismo y la Etnología. Estos tres accesos de participación en el lenguaje de la modernidad crítica, están muy cerca de Vallejo porque todos sus compañeros latinoamericanos entran y salen del Surrealismo, o entran y ya no vuelven a salir del marxismo, o se demoran en la Etnología. Carpentier y Asturias, por ejemplo, inicialmente optan por el Surrealismo, después se suman a la Etnología y, a su turno, al marxismo. Es probable que Asturias haya sumado los tres discursos sin mayor conflicto. Hay que decir que la Etnología en este momento conlleva el culto estilístico de lo primitivo. Desde el descubrimiento del arte popular religioso africano, el primitivismo ha desencadenado la puesta en crisis de la representación (sus varios capítulos incluyen a Matisse en Marruecos, Picasso y la figura africana, y los surrealistas en el Caribe y México). En sus derivaciones, el Surrealismo condujo al marxismo; la Etnología al nacionalismo, incluso al filofascismo, aunque todas estas resultaron alianzas conflictivas. Pues bien, Vallejo no estuvo cómodo con ninguno de estos discursos porque su perspectiva latinoamericana, que incluía una suerte de antidealismo y antipatía por el intelectualismo, le exigía una definición crítica más severa y vital. En sus primeros años parisinos estuvo cerca del Apra; después, probablemente más cerca del marxismo de Mariátegui, que adelantó su definición nacional como decisiva; luego, fue un serio estudiante de Marx. También parece haber intentado ser un militante formal y, al menos en su novela *El tungsteno*, incluso asumió el papel de un escritor proletario al servicio de las masas. En sus reportajes sobre Rusia y sus crónicas políticas, más que la ortodoxia, parece buscar una definición de servicio austero y solidario para el artista a partir de la propia identidad y libertad de su trabajo como tal. Pero no dejó de señalar diferencias y reservas, y ya en la Guerra Civil Española parece haberse sentido más próximo al movimiento trotskista.[5]

5 Pienso que la historia intelectual de Vallejo y su obra no se define desde una genealogía, empeñada en reconocer fuentes y orígenes, sino en un despliegue rizomático, que se alimenta de la actualidad estética, que hace suya. Por eso, Vallejo no se debe al Archivo, al que más bien contradice y refuta; ignora cualquier «angustia de influencia», sus grandes modelos son Quevedo, Darío, y su fuente, la *Biblia*; y no inventa a sus precursores, sino que inventa a sus lectores: se debe al devenir de la poesía como un lenguaje capaz de procesar un conocimiento propio del existir en el mundo. Este acontecer poético se basa en el cuestionamiento del modelo apolíneo (que encuentra en la Venus de Milo una metáfora privilegiada, no por su belleza clásica, sino por haber perdido los brazos); el principio de articulación (que busca exceder con el juego barroco de la antítesis, la transposición sintáctica y la emblemática de lo cotidiano); y en la técnica del montaje (que ha estudiado en Juan Gris y en Picasso, cuya técnica de la fragmentación y la simultaneidad considera posible en el poema). Bien visto, ese programa vallejiano (que le hace explorar el montaje cinematográfico, descartar el Surrealismo por demasiado literario, escribir sobre el mundo incaico, cuestionar el sujeto disciplinario forjado por las especializaciones académicas y la sociabilidad del conocimiento) lo aproxima, sobre todo, a Georges Bataille, y al debate contra la estética apolínea a nombre de lo reprimido y censurado, que ocupa a su fundamental revista *Documents* (1929-1930), dedicada a la Arqueología, las Bellas Artes y la Etnografía, documentadas por la representación informalista de una nueva percepción.

En cualquier caso, Vallejo está más cerca de otro tipo de discursividad antagonista y crítica que permea la obra de dos escritores de la época, Antonin Artaud y Walter Benjamin. Georgette de Vallejo, en unas notas de mala memoria que publicó, dice que Vallejo y Artaud se encontraron y fueron presentados. Quizá no tuvieron nada que decirse, como suele ocurrir, pero comparten una obsesiva inspección de la dimensión física de lo vivo. Coinciden en explorar el cuerpo como centro de referencia de la nueva subjetividad de los márgenes de la cultura burguesa. Y se trata, en ambos, del cuerpo orgánico; no del placer de los sentidos, sino de la agonía de lo físico. Con Walter Benjamin coincide Vallejo en la peculiar mezcla de marxismo y subjetividad, de sensibilidad trágica ante la historia, pero también de afirmación creativa de la futuridad. Ambos, además, vieron en la calle el laboratorio de una Modernidad que se cernía a través de la tecnología y el mercado de los saberes institucionales.

De las varias poéticas del libro, «Intensidad y altura» constituye el programa de una primera opción de esta poesía en proceso. «Quiero escribir, pero me sale espuma / quiero decir muchísimo y me atollo». Vallejo se concibe aquí limitado por la condición misma del lenguaje, que es sucesivo, como dirá Borges en «El Aleph», y no simultáneo. ¿Pero por qué el lenguaje mismo le impide escribir? Tal vez porque no quiere someterse a la lógica discursiva y quisiera decir lo suyo de un modo inmediato y pleno. El poeta busca escribir, pero no otro poema: quiere escribir de nuevo la poesía. Porque si escribe un poema necesita de la lógica discursiva, y de la idea de un centro referencial. No se sabe cómo escribir de otra manera. Solo queda, entonces, hacer de la poesía una práctica elemental sin palabras: «a comer yerba, / carne de llanto, fruta de gemido». Es esta una afirmación de la negatividad, desde donde se gesta la poesía de las contradicciones. Incluso la rima es autoparódica, deliberadamente cruda, gesto que afirma la necesidad de una poesía que sea comunión restitutiva, que pase por la sustancia siempre conflictiva, incluso paradójica, de lo cotidiano empírico. Pero como este es un énfasis de autonegación, solo podemos renunciar a la escritura, «beber lo ya bebido», repetirnos, y «fecundar tu cuerva», último autosarcasmo. No deja de gravitar sobre esta poética la postulación romántica de que el lenguaje es insuficiente para comunicar la complejidad, riqueza y diversidad de la experiencia. Pero en el mismo libro hay una poética opuesta, y es el poema cuyo primer verso dice «Un hombre pasa con un pan al hombro». Es un poema hecho en dípticos: el primer verso es una afirmación, el segundo una pregunta que responde con otra negación. De allí que la tensión a lo largo del poema quede irresuelta. Estamos ante un programa de posibilidades que se declaran como recusadas, y otro planteamiento de afirmaciones que retóricamente aparecen como un discurso paralelo. De lo que se trata, en efecto, es de elegir. No creo que Vallejo esté descartando a Breton o negando a Picasso. Porque ello supondría un antintelectualismo fácil, lo que no corresponde al espíritu del libro. Lo que está haciendo, más bien, es plantear distintos modelos de discursividad, de figuración artística y práctica poética. Y la formulación que resulta perentoria es aquella que obliga a elegir no solo en la experiencia, sino en su elaboración en el lenguaje. Y elegir en el lenguaje presupone una perspectiva moral en la responsabilidad de escribir. En último término, si es que se puede elegir, quiere decir que las palabras sí son suficientes y que, al final, el lenguaje espera por nuestra validación poética de lo real articulado. La poesía, otra vez, es una apuesta de futuridad.

Al final de este libro, como al final de *Trilce*, el poeta vuelve a comenzar. Vuelve a plantearse la poesía como un discurso que está, otra vez, por hacerse. Esto es siempre extraordinario en Vallejo, un poeta que nunca se durmió en sus laureles, a los que, ya sabemos, prefería asumir como cebollas.

3

La epistemología trílcica

3.1. La ruptura con la representación

Trilce es el libro más complejo de la poesía escrita en lengua castellana, y de sus varias dificultades de acceso ya hemos dicho algo. Conviene ahora detenerse en su estrategia y despliegue hermético, que empieza por descontar sus referentes y prosigue a fracturar la función representacional del lenguaje mismo. Es, así, el libro más demandante de los que fundan, en español, la ruptura de la gramaticalidad haciendo suyos los escenarios de las vanguardias históricas, y definiendo en el proceso la diferencia de lo poético en el sistema literario. *Trilce* postula una epistemología poética. Para ello forja un nuevo lector, convocado en el proceso de redefinir el lugar de la poesía entre los discursos de radicalidad y ruptura. Esa demanda extremada sobre el lenguaje exige no solo decir más de lo que dice, sino también decirlo de nuevo, como si nada estuviese dicho Y, sin embargo, desde su mismo asalto y sobresalto de la lectura, *Trilce* logra comunicar la alta temperatura emocional de sus indagaciones y la inteligencia analítica de sus verificaciones. Y deja constancia de su drama excesivo desde su ironía antirretórica. Este libro está al comienzo del cambio estético que atraviesa las vanguardias de su tiempo y, desde su centro vertiginoso, da cuenta de la palabra de lo nuevo. Después del radicalismo de *Trilce*, la poesía tendrá otras medidas.[1] El carácter hermético del libro es peculiar. No se trata del hermetismo tradicionalmente asociado al poema simbolista, cuyo código suele ser semántico, de manera que su interpretación es un ejercicio de develamiento sistemático; en esa poética, desde el gran modelo de Mallarmé, la palabra connotada es una trama interna de alusiones e implicaciones. Tampoco se trata del código hermético del poema barroco, que suele ser una hipérbole o una alegoría de la nominación, al punto que muchas veces es factible retraducir a otro discurso, a la prosa por ejemplo, lo que el poema sobredice. El hermetismo de Vallejo, en cambio, afecta a la lógica representacional del discurso: el poema dice menos para contradecir la imposición discursiva del código de la lengua. Esto es, el poema fractura la función referencial del acto comunicativo, y lo hace con una mecánica retórica formal: el uso de la sinécdoque; otras veces, con el simple recurso de una nominación oblicua, elu-

1 La valoración de la empresa verbal vallejiana ha sido hecha no sin agudeza por poetas de talento crítico, como los ya mencionados José Ángel Valente, Cintio Vitier y Guillermo Sucre. Véase también Cervera Salinas, Vicente. «César Vallejo y José Lezama Lima en la lírica de J.A. Valente (un dualismo americano)». En *Jaime Gil de Biedma y su generación poética. Actas del Congreso.* Zaragoza: Diputación de Aragón, 1996, vol. 2. Valente consideró que el poeta español más próximo a Vallejo fue Blas de Otero.

siva, y una sintaxis disruptiva. El nombre, para Vallejo, no es suficiente para designar al objeto. Las palabras ponen en dificultades a las cosas.[2]

Por algunas primeras versiones sabemos que ciertos poemas fueron sonetos más o menos formales, y que otro tuvieron una expresividad, si bien un tanto exacerbada, no menos legible. Por el simple cotejo, y por testimonios de su amigo Juan Espejo Asturrizaga, sabemos también que Vallejo trataba de borrar las evidencias explícitas del poema, en un proceso de revisión equivalente a reducir los referentes. Si se estudia con más cuidado el proceso que va de una primera versión hasta el poema definitivo (aunque, por ahora, solo contamos con muy pocas de estas versiones), puede comprobarse que el poeta trabajaba, fundamentalmente, sobre las tensiones del ritmo, que en *Trilce* es un operativo decisivo, el principio de su sistematicidad propia. Si el ritmo es, en el poema simbolista, un sutil equilibrio de refracciones y equivalencias, y, en el Modernismo hispanoamerica-

---

2 La complejidad del vocabulario vallejiano ha sido estudiada por Meo Zilio, Giovanni. *Stile e poesia in César Vallejo*. Padua: Luviana, 1960. Véase también su «Vallejo in italiano. Note di tecnica della traduzione e di critica semantica». *Rassegna Iberistica*, n.° 2, 1978. Nadine Ly ha publicado importantes aproximaciones a la hermenéutica vallejiana, entre ellos «La poética de César Vallejo: arsenal del trabajo». *Cuadernos Hispanoamericanos*, Madrid, n.° 456, junio-julio, 1988. Son asimismo interesantes los trabajos de Antonio Armisén sobre la intertextualidad y la retórica vallejiana: «Intensidad y altura: Lope de Vega, César Vallejo y los problemas de la escritura poética». *Bulletin Hispanique*, Bordeaux, t. LXXXVII, n.° 3-4, julio-diciembre, 1985; y «Notas sobre la génesis y relaciones intertextuales de la ignorancia de Vallejo. *Los heraldos negros* y su huella en *Los aparecidos* de Jaime Gil de Biedma». *Tropelías, Revista de Teoría de la Literatura y Literatura Comparada*, Universidad de Zaragoza, n.° 5-6, 1994-1995.

no, el dinamismo que sostiene la organicidad del poema, su autonomía lírica, en *Trilce*, el trabajo sintáctico es acumulativo y a la vez dramático, y entre la lírica y el coloquio diversifica su trayecto. Ese movimiento del lenguaje entre fragmentos, ese contrapunto de espacios simétricos, analógicos y antitéticos, se desplaza como una lógica exploratoria que presenta evidencias, coteja pruebas, ensaya hipótesis, deduce conclusiones; dramatiza, en fin, la dimensión significante del lenguaje. Ese proceso, entre pruebas y conclusiones, como un teorema que se demuestra a sí mismo, es lo que enjuicia o evalúa la referencialidad eludida, como si prescindiese del relato mismo y buscase el esquema sumario de su sentido. Y siendo un movimiento incisivo, que literalmente corta y recorta dentro del lenguaje, salvando los puentes de las conexiones gramaticalmente estables y seguras, este ritmo sintáctico revela la conciencia del poema, su lucidez dramática.[3]

El más importante documento sobre los años de gestación de *Trilce* es, ciertamente, el libro de Juan Espejo

3 La larga discusión sobre las interacciones de Vallejo y las vanguardias, iniciada por las tesis de Xavier Abril sobre la supuesta influencia de Mallarmé en Vallejo, así como por la polémica de André Coyné y Juan Larrea sobre las diferencias entre Vallejo y el Surrealismo, han tratado de establecer la peculiaridad vallejiana en el contexto de las operaciones de la ruptura de la discursividad poética, y en el proceso que va del esencialismo idealista de la lírica moderna hacia una textualidad operativa, de signo tan autonómico como empírico, descentrado y crítico. Hoy se nos hace más patente el trabajo de desbasamiento con que el proyecto vallejiano, en tanto contrasistema periférico, más allá de las vanguardias históricas, irrumpe en el edificio de la lírica interrogando la retórica de cualquier arte central. Su dificultad es parte del escándalo de un proyecto cuya palabra resiste a las clasificaciones.

Asturrizaga, *César Vallejo. Itinerario del hombre, 1892-1923.* Con candor, y poco sentido crítico, Espejo atribuye a casi todos los poemas un origen anecdótico a partir de los núcleos de experiencia del poeta en esos años: los dramáticos amores con Otilia, el encarcelamiento en Trujillo, los desgarramientos familiares, además de otras instancias de soledad y crisis. En varios casos importantes, Espejo es una fuente muy valiosa: fue testigo directo del impulso emocional que motivó algunos poemas. Pero, aun así, su método de lectura postula como enteramente legibles los poemas del libro, al atribuirles una u otra causa inmediata; de ese modo, ratifica una de las más convencionales prácticas de la lectura del poema hermético: leerlo como un texto cifrado, que se descifra sin conflicto desde la referencia biográfica. No pocos críticos, aun los mejores, han caído en ese ejercicio de hermenéutica doméstica; y han discutido, antes y después de Espejo, si un poema es anterior o posterior a la ruptura con Otilia, si la amada del poema es la Otilia trujillana o la Otilia limeña (¡coincidencia de nombres, ironía del lenguaje!); como si los poemas fueran documentos biográficos inmediatos, como si el yo del poeta fuese el yo del autor, y como si la poesía de Vallejo no fuese un lenguaje sobre el drama de nombrar y desnombrar, de escribir y desescribir.[4]

4 Las versiones iniciales de algunos poemas de *Trilce* vienen en mi edición de Cátedra (2011), en la edición de la *Obra poética* hecha por Ricardo González Vigil (1991), y en la edición debida a Ricardo Silva-Santisteban (1997). No ha dejado la crítica de especular sobre el poema titulado «Trilce» que Vallejo publicó en la revista gallega *Alfar*, La Coruña, n.° 33, octubre, 1923. Fechado «París, 1923», empieza anunciando:

En verdad, por su propio carácter, el poema hermético promueve el libre ejercicio hermenéutico. La historia crítica de la obra de César Vallejo es un caso elocuente de lectura, sobrelectura y mala lectura; y esta extraordinaria deriva interpretativa no implica solo la variedad de perspectivas de leer, sino que dice algo sobre la naturaleza de esta poesía, sobre el carácter de su apelación comunicativa. Efectivamente, estos poemas están cargados de emotividad, expresividad, intención y drama, además de crítica, ironía y poco común agudeza intelectual. Esa actividad, sin embargo, no siempre se traduce en un discurso de razón comunicativa; esto es, no tiene como operativo poético los procedimientos previstos para la lengua natural; pero tampoco los que construyen un horizonte de expectativas en la lengua de segunda instancia que es la literaria. Bien visto, el

---

«Hay un lugar que yo me sé / en este mundo, nada menos, / adonde nunca llegaremos». Solo queda asumir que el poeta lo escribió como un reflejo posterior a *Trilce,* quizá ante la hostil incomprensión que encontró el libro. Larrea se entusiasmó por los tercetos del poema, que inevitablemente lo remitieron a la *Comedia,* de Dante. Pertenece, sin embargo, a la lógica peculiar de la percepción y la representación en el libro. Esta vez, a diferencia del «Yo no sé!» del primer libro, el poeta posee la certeza de saber más que de ser, de estar. Su existencia de lugar se prueba por el solo saber reflexivo del testigo: «yo me sé». Podríamos pisar ese lugar pero «será, en verdad, como no estarse». Por lo tanto, es un «ser» tachado, de cuya evidencia da fe un «estar» también tachado. Es un lugar que «hombreado va con los reversos», y al que conduce «aquella puerta que está / entreabierta en las entrañas de ese espejo». Se nos sugiere que la puerta ulterior para leer *Trilce* es un espejo que se abre hacia otro lugar; en verdad, una serie de puertas que abisman la percepción ante su improbable representación. Son puertas al campo de la visión, excedida otra vez por el lenguaje: «—No se puede cerrar. No se / puede llegar nunca a aquel sitio / —do van en rama los pestillos».

poema trabaja en otra dirección: nos conmueve, aunque no todo nos sea siempre claro. Su viva extrañeza de cuerpo verbal ocurre no como un acto de habla que diera cuenta de una previa situación, sino como un hecho de vida que se revelara en el acto de hablar. El poema es la forma incierta de un desvivir sin códigos, cuyas perplejidad y balbuceo deben cuajar en el drama del texto, donde vida y palabra se ceden las preguntas. De allí que, si bien la actividad hermenéutica un tanto licenciosa que estos poemas provocan ilustra la indeterminación final del sentido, y, por lo tanto, la ambigüedad central de su registro, unas lecturas se distinguen de otras, necesariamente, por su pertinencia. Aun si asumimos una perspectiva relativista y aceptamos como válidas todas las interpretaciones posibles, solo podemos, enseguida, aceptar como más pertinentes aquellas que son más sistemáticas y que generan más y mejor información sobre los textos. Por lo demás, la mayor o menor legibilidad de los poemas de *Trilce* depende de la interpretación, aun si hay algunas que asumen la transparencia del poema, como la de Espejo, cándida e incauta. Es evidente que hay zonas de legibilidad cero, digamos, donde el poeta no solo ha borrado el referente, sino que da un nombre por otro; con todo, incluso aquí, la legibilidad empezaría allí donde aceptamos el significante como el punto de partida, y reconocemos que no siempre los signos, al menos con este poeta, están obligados a hablar en ausencia del objeto («Zumba el tedio enfrascado / bajo el momento improducido y caña»). Y hay, por otra parte, zonas de legibilidad dudosa, donde las imágenes tienen una distorsión o la sintaxis una torsión que se diría expresionista, por lo abigarrada. Hay que decir, también, que el hermetismo de esta índole, sin código de acceso, no siempre es legible; puede ser, a veces, meramente confuso y discordante.

En todo caso, tratándose de una desrepresentación sistemática, el movimiento de la lectura no siempre sigue la apertura semántica del poema (si no su significado, sí sus modos de significar) cuando rehace el camino y pretende reconstruir la representación previa al poema. Aun si es cierto que la información circunstancial, anecdótica, biográfica e histórica sobre estos poemas (incluyendo lo que el propio poeta dijo sobre el sentido final oculto) nos puede ayudar a leer mejor, ese apoyo no debería remitirnos al ilusorio origen del poema, sino que debería animar la descripción operativa de los dispositivos verbales, tanto como la imaginación crítica que debemos a la magnífica empresa vallejiana. Al contrario, si el poeta optó por borrar las conexiones, fue porque se exigió otras, y no hacia atrás, sino hacia adelante, donde el poema lo esperó como la resolución sistemática de sus incertidumbres: es el poema la experiencia más biográfica, la escritura de lo vivido en la intemperie del sentido, y no una escritura derivativa de una anterioridad causal. Vida y poesía no son materia y forma: la forma es la materia, y el poema es la escena de un vivir en balbuceo. Por eso, cuando Espejo nos cuenta que el poema «Estáis muertos» (Trilce LXXV) se origina en el rencuentro de Vallejo con sus amigos trujillanos, a quienes ve vivir en «cámara lenta», podemos distinguir entre la anécdota, el poema que la borra, y la nueva vida que nos mira en el espejo interpuesto de la muerte: el *ustedes/ vosotros* del poema ya no son los amigos (tampoco la especie humana) sino el nombre plural del otro, en cuyo espejo vemos la imagen vulnerable de nuestro yo.

De lo que se trata, entonces, es de una poética de la tachadura, de la que diremos algo luego. Por un lado tenemos la fractura de los referentes, cuya huella no podemos, muchas veces, seguir, y esta tachadura postularía la necesidad de un acto de habla capaz de una indeterminación anticausal donde cuajara la novedad radical entrevista por el poema. La tachadura, así, libera al poema de las explicaciones, y lo deja suelto en la incertidumbre semántica, donde habla y vida son una gestación, un proceso sin norma, sin código y, por lo mismo, el descubrimiento de una verdad única. El radicalismo de esta práctica es tan sistemático (a pesar de que muchos poemas no cortan sus amarras con el lenguaje natural) que habría que discutir con más detalle las distintas instancias de ruptura, las elisiones, los recortes, las substracciones, que son el punto de partida del habla poética, y que abren el proceso de una indagación, de una hipótesis del habla condicional. Este operativo contrarrepresentacional recorre el libro como una práctica deconstructiva: desfundar lo articulado, desmontar lo implicado, fracturar lo codificado, son operaciones críticas que declaran una práctica de la subversión del nombre, y cuya irradiación toca imágenes, estrofas y poemas, como un contradiscurso (lo llamaremos «trílcico») abismado.

Por otro lado está la tachadura que no vemos, la del proceso mismo de revisión. Salvo en el caso de ocho poemas, en que contamos primeras versiones, no conocemos los originales del libro y desconocemos versiones previas que puedan haber aparecido en revistas y periódicos de la época. Pero estas pocas versiones son indicio ya de esta otra reinscripción, que borra hacia atrás para escribir hacia adelante; esto es, que suprime para añadir. Suma, en efecto, un sentido más agudo, una forma más flexible, una economía más estricta, y elimina la relajada exposición del soneto, la duplicación, los nombres propios. Pero, sobre todo, hace más fluida la dicción, el decurso de un coloquio que recuenta con agudeza su propio drama de inserciones, su ocurrencia de objeto inusitado entre las hablas. También a este nivel, solo en apariencia más obvio, Vallejo demuestra la peculiaridad de su aventura.

Una teoría de la tachadura vallejiana tendría que incluir los casos más ricos de los poemas de París (gracias a que contamos con los originales, reproducidos facsimilarmente en la edición Moncloa de 1968), pues ellos nos permitirían demostrar que Vallejo hace de la elisión un mecanismo de su escritura, al punto que lo tachado prueba la extraordinaria libertad asociativa del poema (esto es, su capacidad permutante del nombre, ya que se trata aquí de lo que Jakobson llama «el eje paradigmático»), y, con ello, la apertura del poema dentro no del mundo que registra, sino del lenguaje con que lo reinscribe. Vallejo, se diría, busca decir el mundo («pues de lo que hablo no / es sino de lo que pasa en esta época») dentro del lenguaje que lo redice, que lo restituye. En *Trilce*, en el centro de su libertad y riesgo disyuntivos, la reescritura hace más decible al poema, lo internaliza en el coloquio y, a la vez, lo hace menos legible, lo libera de la determinación del nombre.

—▬—

3.2. La estética del desdecir

Por lo anterior, la tachadura vallejiana sigue la dirección contraria de la revisión lírica: no busca el óptimo expresivo, la esencialidad de una palabra exacta que diga, del modo más cabal y único, lo que quiere decir el poema, sino, por el contrario, la instancia de mayor plenitud en el habla y la de mayor libertad en la designación. Así, el poema dice mejor lo que no tiene nombre. Se trata de una paradoja barroca y una práctica vanguardista, que se funden en la hipérbole verbal de las equivalencias y en la ambigüedad desafiante de los significados. Este riesgo va más allá de la expresividad lírica, la eficacia o la belleza de las imágenes, las designaciones genéricas y suficientes («Samain diría el aire es quieto y de una contenida tristeza», Trilce LV), y solo puede ser, entonces, un precipitado verbal de fortuna diversa, un proceso de habla cuyo poder y belleza radican en otro orden de valores: en la emotividad cierta, la inteligencia acuciosa, la extrañeza y la originalidad de la nueva expresión, la certidumbre de una palabra poética rigurosa y radical en sus riesgos, hallazgos y zozobras. Esta es una poesía nueva trabajando entre grandes tensiones con la agudeza y la flexibilidad de un habla a la vez dramática e irónica, tribal y mundana, oral y arcaica, regional y técnica, pronta al neologismo y lo agramatical, remota y actual. También por ello, este proceso es una gestación, no una normatividad, como dijimos, y a veces tropieza, se oscurece y se exaspera en su propio balbuceo; no busca, claro, solo decir mejor, sino decir por primera vez, y su meta no es la estética del decir sino la del desdecir. El poema impone otro estatuto al lenguaje.

¿Quién habla y a quién en estos poemas? Porque lo notable de ellos es que en la misma elaborada, y muchas veces laboriosa, formulación del poema como una escritura autosuficiente, se escuchan varias voces inmediatas, con la entonación y el aliento de las hablas de la cotidianidad, cuya textura irrumpe con una vida delicada y firme. Si la escritura es una materialidad significante que trama analógicamente espacios, tiempos y situaciones dispares (porque la escritura produce su propia versión de los hechos), en esa actividad sincretista la oralidad es la actualidad, el pulso de la presencia. Esa presencia, como sabemos, es aquí siempre una traza de la ausencia. En verdad, el poema hace hablar a la identidad de los sujetos que solo tienen el lenguaje para perpetuarse con su rasgo más tenue, la sílaba de su voz («¿Di, mamá?», «y el único recluso sea yo»: en estos casos, por ejemplo, el monosílabo «Di» convoca ya la palabra materna; y el monosílabo «yo» es la palabra desligada del nosotros, la sílaba ausente del habla). Tampoco debemos perder de vista la mayor evidencia, el horizonte proyectivo del libro: lo real, incluso lo ignoto, vive dentro del lenguaje, allí donde la poesía trabaja al borde del abismo de lo decible, de lo representable.

Habla, entonces, la voz que en el lenguaje busca interpolar su propio relato, como si se expresara en una lengua ajena o en un idioma extranjero y debiera recobrar la palabra mutua. Muchas veces, el poema es la escena original de la voz, la devolución que el lenguaje hace, al sujeto fantasmático de la enunciación, de una palabra entredicha. La oralidad es materna, y está asociada con la infancia, con la familia, tanto como la mujer amada, con su cotidianidad minuciosa («Pero hase visto!»). En el poema, en cambio, la oralidad y su linaje acontecen entre las rupturas de la sintaxis; la voz es la primera respuesta al régimen de la grafía. Los enunciados, se diría, producen la enunciación.

Frente a la palabra tachada, que quema los puentes del lenguaje natural, esta palabra añadida es la más remota y se impone como un gesto del diálogo extraviado que reverbera en el lenguaje. Es una voz, por lo tanto, que no es ya la del niño o la de la infancia, la de la madre o la de la amada, sino la del mismo lenguaje desentrañado. En la materialidad recortada y sumada de la escritura, donde distintos registros se desplazan, la voz es una interioridad que enuncia el presente perdido.

Desdoblada en coloquio, soliloquio, diálogo, cita, apelación, vocativo, exclamación, decir, figura de dicción, glosa oral, esta actividad hablada en *Trilce* es el horizonte de la temporalidad. No solo porque la duración se plasma en la oralidad, sino porque la voz traza la escena del presente, su espectáculo. Esta rica textura de la enunciación supone, por lo demás, la construcción de un sujeto que es descontado de los repertorios de lo escrito y devuelto al habla original, a las sílabas primeras, allí donde podría ser dicho en el acto de decir. Por ello, la estrategia de la oralidad es volver del enunciado a la enunciación, suturar la boca del lenguaje en el sujeto hablante. Esa herida es la insuficiencia de las palabras, la pérdida de la voz en el lenguaje sobrecodificado, el balbuceo que nos queda en la mudez del mundo. Dice «Este cristal aguarda ser sorbido / en bruto por boca venidera [...]. / Este cristal es pan no venido todavía». Capaz de hacerse palabra, esta materia dúctil «márchase ahora a formar las izquierdas, / los nuevos Menos», porque suma los ceros de una resta que promete el nuevo poder de la orfandad, su palabra subversiva.

Habla, por todo ello, el sujeto virtual. La hipótesis de un sujeto hecho en el diálogo desigual, en la agonía de sus incumplimientos y desamparos, implica también la promesa de esos ceros a la izquierda, capaces de una nueva transparencia. Este es un sujeto que se enuncia a sí mismo, como si hiciera su historia al inscribir distintas instancias de su decir y ser dicho. Su historia de sílaba posible se instala entre los discursos que le dan elocuencia y relato. No sin ironía, esa historia está hecha de malentendidos y desengaños; no sin drama, de un propósito cuestionador, que del «brazo cercenado» de la Venus de Milo y del «dedo meñique» hace emblemas de inminencia, de un «todaviíza» que convierte al proceso en vísperas, y a la poesía en un canto «en la costa aún sin mar».

La pregunta que uno de los poemas dirige a otro objeto emblemático, el piano («¿a quién atisbas / con tu sordera que me oye, / con tu mudez que me asorda?»), es también la pregunta que el sujeto hace por sí mismo en la simetría de la comunicación virtual. En efecto, el lenguaje que atisba al sujeto (al hablante y al lector) en estos poemas, y la pregunta por el quién del diálogo implica el papel del interlocutor alternativamente sordo y mudo. Si tu sordera me oye y tu mudez me asorda, quiere decir que la comunicación se da por vía negativa, como un diálogo en la carencia. *Atisbar*, *asomar*, *aguaitar*, estos verbos favoritos de la indagación, implican el gesto tentativo, la virtualidad («Tengo pues derecho [...] a meter la pata y a la risa»).[5]

---

5 Vallejo demuestra el riesgo de su empresa, que da la medida de su veracidad tanto como de su libertad, en su carta a Antenor Orrego, autor del prólogo a *Trilce*. Su ruptura con el discurso poético establecido ha sido radical, pero reconoce el costo de la incomprensión de sus lectores. De pronto, se encuentra con un libro sin lectores, sorprendido por la fuerza recusadora de esa reacción. Dos veces utiliza en su carta la imagen del ridículo que se le impone; se siente, dice, como un niño que se lleva «la cuchara por las narices». Vale la pena leer esa carta, de octubre de 1922:

> Las palabras magníficas de tu prólogo han sido las únicas palabras comprensivas, penetrantes y generosas que han acunado a *Trilce*. Con ellas basta y sobra por su calidad. Los vagidos y ansias vitales de la criatura en el trance de su alumbramiento han rebotado en la costra vegetal, en la piel de reseca yesca de la sensibilidad literaria de Lima. No han comprendido nada. Para los más, no se trata sino del desvarío de una esquizofrenia poética o de un dislate literario que solo busca la estridencia callejera. Se discute, se niega, se ridiculiza y se aporrea al libro en los bebederos, en los grupos de la calle, en todas partes por las más diversas gentes. Solo algunos escritores jóvenes aún desconocidos y muchos estudiantes universitarios se han estremecido con su mensaje.

Ese interlocutor que el poema convoca no es menos virtual. Si todo está por decirse como si nada hubiese sido dicho no es porque haya que fundar la cosa en el nuevo nombre, adánicamente, para recomenzar. Más bien es porque el diálogo es un desdecir agónico, y su actualidad solo parece ser una cita anacrónica o una especulación probabilista; está, pues, por hacerse, y es parte de ese *todavía* extensivo y transitivo. La demanda de la poesía sería, entonces, decir mucho más con mucho menos; esto es, darle al diálogo la capacidad de rehacer sus términos para rehacer este mundo como un espacio decible («Contra ellas seríamos, contigo, los dos, / más dos que nunca»). En el fondo, el interlocutor ideal de estos poemas debe haber sido Espejo, cuyo candor le hacía tomarlos como encuentros literales del poeta y su lector privilegiado. Ese lector era ideal por-

---

Por lo demás, el libro ha caído en el mayor vacío. Me siento colmado de ridículo, sumergido a fondo en ese carcajeo burlesco de la estupidez circundante, como un niño que se llevara torpemente la cuchara por las narices. Soy responsable de él. Asumo toda la responsabilidad de su estética. Hoy, y más que nunca quizás, siento gravitar sobre mí, una hasta ahora desconocida obligación sacratísima, de hombre y de artista: ¡la de ser libre! Si no he de ser libre hoy, no lo seré nunca. Siento que gana el arco de mi frene su más imperativa fuerza de heroicidad. Me doy en la forma más libre que puedo y esta es mi mayor cosecha artística. ¡Dios sabe hasta dónde es cierta y verdadera mi libertad! ¡Dios sabe cuánto he sufrido para que el ritmo no traspasara esa libertad y cayera en libertinaje! ¡Dios sabe hasta qué bordes espeluznantes me he asomado, colmado de miedo, temeroso de que todo se vaya a morir a fondo para mi pobre ánima viva! ¡Y cuántas veces me he sorprendido en espantoso ridículo, lacrado y boquiabierto, con no sé qué aire de niño que se lleva la cuchara por las narices! En este momento casi revivo todo el fragor que dio vida a *Trilce* y a *Los heraldos negros*» (en *Poesía completa*. Vol. 2. Edición de Ricardo Silva-Santisteban).

que proveía la inmediatez de su voz a la hipótesis de la voz poética. Sin saberlo, Espejo habría así contribuido a que las apelaciones del sujeto virtual se cumplieran, para Vallejo, a pesar de la mudez y la sordera del mismo lenguaje. Sabemos que Vallejo gustaba leer y mostrar sus borradores en el círculo de sus amigos de entonces; en ese seno de la lectura debió encontrar la actualidad de su propia voz como la demanda que le interponía una poesía que siempre seguía por hacerse. Quizá por eso el último poema del libro, su poética, nos dice que hay cuerdas vocales por descubrirse y que el decir poético es, por definición, una promesa.

Lo que va de la oralidad a la escritura, y de los enunciados a la enunciación, pasa por la gramaticalidad y la narratividad del poema. Se trata, como es patente, de una gramaticalidad puesta en tensión; esto es, de una contaminación del código por excelencia, la sintaxis, con el barbarismo de la voz. Subvertir la ley de la lengua con las licencias del habla no significa aquí obedecer las modas de la escritura fonética (aunque Vallejo parecería seguir a Manuel González Prada al remplazar la *g* con la *j*), sino, más bien, introducir la huella de la oralidad en la sobreescritura elíptica («Déjenlo solo no más»). Ya Vallejo había sido capaz de despejar su propia tendencia a metaforizar con la irrupción de un coloquialismo emotivo, inmediato. Pero esta oralidad no es solamente evocativa o estética, sino, la más de las veces, dramática y material. La enunciación es un gesto que subraya, contrasta, ironiza, y que se desdobla en escritura, equidistante entre la voz y la figura («suelta el mirlo», en lugar de «suelta la lengua», por ejemplo). Y otro tanto ocurre con los neologismos, que la lengua permite y el habla prodiga. También la peculiar ortografía de *Trilce* podría ser considerada desde esta perspectiva; es seguro que parte de las incorrecciones ortográficas son erratas de imprenta, otras son posibles errores del propio poeta, pero buena parte de ellas parece surgida de opciones propias, impuestas por la necesidad de una prosodia compleja. Esta prosodia requiere ser decible, coloquial, en su propia norma trílcica, y para ello debe colindar, alternar, con la norma vernácula. La prosodia es, por cierto, sustancial en definir el ritmo en sus términos de duración hablada; no remarca gramaticalmente el sentido, sino que deja fluir la voz, articulando su entonación reveladora y dramática, conclusiva y reflexiva, irónica y desnuda.

Es la prosodia, después de todo, lo que da curso a la narratividad. Si estos poemas, como pretende Espejo, se originan en experiencias y anécdotas circunstanciales, se desarrollan no trascendiendo la experiencia hacia verdades generales (ilusión deductiva que confunde la poesía con la filosofía aleccionadora de los libros de bolsillo), sino, precisamente, convirtiendo esas experiencias y situaciones en un relato que la poesía desentraña para darle sentido. Se trata, en sí mismo, de un relato fragmentado, ligeramente absurdo, sin explicaciones, que entraña angustia y disuelve a la misma experiencia en el sinsentido. Baste pensar en la experiencia dolorosa y arbitraria de la cárcel central de Trujillo, donde Vallejo, injustamente implicado en una asonada pública, pasó ciento doce días. Los poemas de la cárcel no buscan trascender esa experiencia pesadillesca, sino que buscan elucidarla, leerla como un texto insólito, que revelase de pronto, en su misma absurdidad, un envés no previsto en nuestra noción de la temporalidad y del espacio. Irónicamente, la cárcel es humanizada en sus rasgos de cotidianidad, en sus personajes casuales y específicos. Por eso, no solo revela un estado más vulnerable de nuestra precariedad; sobre todo revela un relato subyacente, tácito, que violenta la interioridad del lenguaje con su ocupación del espacio y el tiempo. Los poemas de la cárcel, por lo mismo, reclaman «Un poco más de consideración», con nostalgia por otro relato, por un diálogo no reductivo. El relato carcelario es tortuoso, más elíptico, un murmullo del sentido fracturado («¿quién tropieza por afuera?»).

Otro tanto ocurre con el relato amoroso. El poema debe intentar una mayor agonía (a veces ironía mayor), la de figurarle un sentido. No se trata, entonces, solo de testimoniar, expresar, evocar y lamentar. Se trata de que el relato amoroso, que es no menos arbitrario, exaltante, autodestructivo, culposo y excesivo que cualquier otro relato hecho a nombre de la experiencia, construya la forma inteligible de esa experiencia a la vez libre y codificada, placentera y neurotizada, emotiva y mundana. Difícil trabajo, ya que aquí se interroga por la pérdida de la pareja; esto es, por la fractura del relato («Me acababa la vida ¿para qué?»). La voz de la mujer, el valor específico que comunica al tiempo, el sabor y la textura de su huella, son los fragmentos de la promesa del diálogo contenida en el relato. Pero el poema solo puede dar cuenta de un contradiscurso amoroso («Narra que no es posible / todos digan que bueno»). Balbuceo, el relato del amor es una historia desmembrada en la cual el sujeto del habla zozobra: «Esperaos. Yo os voy a narrar / todo. Esperaos sosiegue / este dolor de cabeza. Esperaos».

Y, en efecto, la narratividad es, otra vez, un contrapunto entre la gramaticalidad formal (*vosotros*) y la enunciación física (*sosiegue*, donde el sonido sibilante dramatiza el dolor). La narración es autorreferencial: se anuncia y se muestra afectada por la función (social, mundana) de contar su historia (dolorosa). La historia, por cierto, no sigue; lo que sigue es el recorte fragmentado, elusivo, de esa misma narratividad operativa del lenguaje que zozobra. Para ello está la prosodia, para distribuir y puntuar, para decir menos, y también para eximirnos del relato («Mentira. Calla. / Ya está bien»). Así, la prosodia parece enumerar las palabras en los hemistiquios que expulsan al relato, aliviando al hablante de su propia habla: «Me siento mejor. Sin fiebre, y ferviente. / Primavera. Perú. Abro los ojos». El relato amoroso es menos elíptico que el carcelario, pero su sentido es más elusivo. Solo nos queda un balbuceo de la pérdida del otro en el yo sin imagen («de espejo a espejo»); y cuando el sujeto abre los ojos, cae el telón en la escena de su soliloquio: «Paletada facial, resbala el telón / cabe las conchas». Apenas había empezado a hablar, dolor de cabeza y todo, y ya su discurso lo expulsa, narrador desnarrado.

Es cierto que, también en el nivel gráfico del poema, Vallejo se permite algunas libertades, más lúdicas que programáticas, pero la sintaxis del poema no requiere fragmentar el espacio poético más allá del versolibrismo fluido, la segmentación dramática, la composición estrófica contrapuntística, y los paralelismos sintácticos que recurren, como en un soliloquio, apuntalando el flujo y reflujo del habla. En esto es más importante el planteamiento del poema como un acertijo o un enigma que parte de una declaración de las evidencias, sigue con una ilustración de casos, opone preguntas y considerandos, responde con ironías y agonías, y concluye figurativamente. Esta formulación exploratoria y ceñida tiene, hasta cierto punto, el carácter deliberativo del conceptismo barroco, que hace del poema un pensamiento actual; aunque, siendo una formulación no acabada sino procesal, resulta ser una suerte de precipitado verbal de la misma actividad inquisitiva del soliloquio. Es verdad que el monólogo dramático tendrá en los poemas de París un desarrollo extraordinario, pero ya en *Trilce* es capaz tanto de agudeza como de flexibilidad. Su inmediatez obliga a un tiempo presente experimental, donde parecería ponerse a prueba todo lo que se nombra; así, el poema es como un documento paradójico, en primer lugar de sí mismo («Duda. El balance punza y punza / hasta las cachas»). El soliloquio provee, por otro lado, de un escenario verbal al yo testigo de su propio desamparo. En esa escena, el yo se ve enunciado, desnudo; y frente al otro, se recobra, desnombrado («El compañero de prisión comía el trigo / de las lomas, con mi propia cuchara»).

No menos situados en el mundo, aunque sí más en el lenguaje literario, están Eliot en *The waste land* y Joyce en *Ulysses.* Hay varias convergencias entre estos tres actos de ruptura, no solo la de su fecha de publicación ni únicamente su coincidencia en la práctica del «texto del cambio», signo de identidad modernista, que será más desnudo en Vallejo, más balbuceante, y sin un relato totalizador a su favor. Después de todo, *trilce* es una palabra que no está en los diccionarios. Con las vanguardias de su tiempo, Vallejo tiene menos coincidencias que las que se ha querido rastrear. Es claro que leyó la revista española *Cervantes*, y en ella seguramente *Un coup de dés*, de Mallarmé, además de la *Antología de poesía francesa*, de Enrique Díez-Canedo. Pero ello no explica, ni siquiera sitúa literariamente, las rupturas de *Trilce*. Más sensato es pensar que este libro es equidistante del movimiento literario de las vanguardias, aunque forma parte de su espíritu crítico y exploratorio. No forma parte, en cambio, de las promesas de la Modernidad, pero tampoco de sus malestares solamente, sino de la necesidad de hacer de la carencia una práctica crítica. Después del idealismo universalista, luego del simbolismo oficiante, y al paso de la mundanidad nihilista de entreguerras, Vallejo levanta su versión radical desde la periferia, desde la orfandad, que pone en crisis los discursos ligados, y desde la necesidad de reformular este mundo en su desrepresentación. Esa versión es también la gestación de un sujeto de la crisis discursiva, cuya palabra desfundante, como lo será para Artaud y para Beckett más tarde, empieza como un estremecimiento antiguo, ahora un nuevo balbuceo. Los rasgos vanguardistas de *Trilce* nos resultan hoy menos importantes que la inteligencia irónica de su dicción madura, la desnudez confesional de su habla emotiva y el radicalismo de su empresa interrogativa. Este libro está entre aquellos, muy pocos, que no se conforman con que el lenguaje sea la casa del ser. Este lenguaje es, más bien, la intemperie del ser, su huella.

4

La poética de la tachadura

4.1. La mala escritura

Algunos poetas han escrito casi tanto como han desescrito. Y en ciertos momentos decisivos, desescribir (enmendar, revisar, tachar) parece haberles impuesto la dirección contraria a la mera tarea de confirmar la naturaleza sucesiva del lenguaje, cuyos límites testimonió Borges en el centro de «El Aleph».[1] César Vallejo es, quizá, el poeta más radi-

1 En «El Aleph» se lee:

> Todo lenguaje es un alfabeto de símbolos cuyo ejercicio presupone un pasado que los interlocutores comparten. ¿Cómo transmitir a los otros el infinito Aleph, que mi temerosa memoria apenas abarca? [...]. Por lo demás, el problema central es irresoluble: la enumeración, siquiera parcial, de un conjunto infinito [...]. Lo que vieron mis ojos fue simultáneo: lo que transcribiré, sucesivo, porque el lenguaje lo es. Algo, sin embargo, recogeré.

La lección borgiana es epifánica: el lenguaje es una transcripción, aunque resumida, analógica. Ver el infinito en el Aleph pone en duda a la representación, pero escribir es otro Aleph resumido del fugaz Aleph contemplado, solo pensable en su desaparición. La tachadura borgiana, por eso, demuestra la insuficiencia del lenguaje y la irónica comedia de la escritura, siempre transcrita a medias.

calmente abocado a esta escritura palimpséstica, que empieza creando un texto ilegible, provisorio y dudoso; y procede enseguida a tachar para que otro texto emerja como el acto que recrea el poder al que ya no se debe. Pero vayamos por partes.

Lo primero sería la embarazosa cuestión de la «mala poesía» de los grandes poetas. No se trata de la poesía tributaria y devota del «poeta menor de la antología», sino de algo más equívoco y persistente: los torpes, desangelados poemas que tantos poetas mayores perpetraron en sus primeros pasos. El dilema se hace mayor cuando tenemos en cuenta el hecho más inexplicable del extremo opuesto: poetas que desde sus primeros poemas hablan con autoridad inmediata, con solvencia y suficiencia. Tampoco se trata, entonces, del arte de escribir, que seguramente se aprende, sino de las tintas cargadas por el gusto, dudoso en la idea biográfica de cualquier proceso. Darío, por ejemplo, tuvo desde niño el extraordinario don de la duración dúctil: la música del habla gozosa en la naturaleza vocálica del español. Vallejo, en cambio, buscó liberarse de la gravitación de Darío (al que admiraba como al más grande) escribiendo en el sentido contrario a la transparencia sensorial rubeniana, demorándose más bien en la materialidad de los signos, en la gestación de la escritura, en la práctica de sobreescribir. Esa pesadumbre del lenguaje es patente en sus poemas iniciales, cuya torcedura sintáctica terminará, en varios momentos, en una deliberada incongruencia. En *Trilce*, Vallejo se detiene en esa escritura sesgada, sinecdótica, prosaica, escribiendo deliberadamente mal, casi contra el poema, en nombre de una poesía que duda incluso del valor de las palabras. Su crítica del lenguaje pasa por su desbasamiento.

Lo segundo concierne al gusto. Solo *a posteriori* terminamos sabiendo que el gusto es el mal gusto, porque antes suele ser el gusto dominante. No de otro modo se puede entender que Vallejo y el exquisito poeta simbolista José María Eguren gustaran de la poesía de su bochornoso compatriota José Santos Chocano. Coincidieron en el teatro el día de su coronación como vate nacional. Los diarios lo llamaban *El Nuevo Homero.* Pocas lecciones hay como la de Chocano acerca de la precariedad de la fama, solo superada, en las letras modernistas, por el caso del colombiano José María Vargas Vila, cuyas obras fueron *best sellers* en España y hoy son perfectamente ilegibles. Fueron producto del énfasis, por un lado, y de la decadencia, por el otro, del estilo modernista, que derivó en grandilocuencia y ripio. Pero si la fugacidad es el costo de la fama, el gusto dominante es más precario todavía.

Se trata, entonces, de una dimensión de la lectura que prefiere la legibilidad doméstica frente al riesgo de lo ilegible. Vallejo, precisamente, sabía que las «caídas del alma» son tropiezos del lenguaje en esos límites, a cuyo abismo, dijo a propósito de *Trilce,* se había asomado, temiendo perderse.[2] Cuando en un poema («El poeta a su amada» en *Los heraldos negros*) famosamente escri-

2 «Dios sabe hasta qué bordes espeluznantes me he asomado, colmado de miedo de que todo vaya a morir a fondo para mi pobre anima viva» (de una carta de Vallejo a Orrego al terminar de escribir *Trilce,* consignada en *Obra poética.* Edición crítica de Américo Ferrari).

bió «Amada, en esta noche tú te has crucificado / sobre los dos maderos curvados de mi beso, / y tu pena me ha dicho que Jesús ha llorado, // y que hay un viernesanto más dulce que ese beso», no solamente forzó sujetos y predicados, extremando las comparaciones, sino que convirtió la pasión de Cristo en una hipérbole de asociaciones y paralelismos zozobrantes. Curiosamente, el poema suena bien pero está gravado por el patetismo. En un sentido, este poema es altamente legible (es un subproducto del archivo modernista), pero, en otro sentido, es del todo ilegible (los términos de la figuración no se articulan). Por eso, Clemente Palma recomendó al poeta atarse a uno de los maderos de la línea férrea para que el tren diese cuenta de él.[3] Palma descalificó como malo un poema que, con audacia, hace el peor camino para salir del paisaje previsto. Su derivación modernista lo torna sobreescrito, pero su audacia figurativa y su tono emotivo fueron demasiado nuevos para el malhumor gramatical de Palma. Este estilo de crítica derogativa tuvo en el cubano Fray Candil su mayor practicante; dedicó en sus crónicas un encono apasionado a la mala escritura del Modernismo imperante,

3 Lo hizo en la columna «Correo Franco» de la revista *Variedades*, Lima, 1917, donde, curiosamente, dio la razón al poeta al considerar su poema incongruente con la sociedad literaria:

> El trabajo recibido es un adefesio literario. Resultaría mejor que el autor se dedique al acordeón o la ocarina más que a la poesía. Son burradas más o menos infectas y que hasta el momento de largar al canasto su mamarracho no tenemos de usted otra idea sino la de deshonra de la colectividad trujillana, y que si descubrieran su nombre, el vecindario le echaría lazo y lo amarraría en calidad de durmiente en la línea del ferrocarril a Malabrigo.

humillando a los poetas cogidos en licencia hiperbólica. Fue famoso espadachín, y en los varios duelos a que fue retado solía dejar su marca favorita: un corte en la boca del rival: «Hiero donde pecan», decía.

En todo caso, esos versos de Vallejo nos dicen que el drama de su escritura se sitúa entre la representación (que el nombre evoca) y la figuración (que la sintaxis poética ensaya). Los nombres dicen demasiado, saturan el espacio del poema; la sintaxis busca que digan otra cosa, algo nuevo, que dicen comparativamente, a medias. Reescribiendo el Modernismo, Vallejo en su primer libro busca su propia voz (excéntrica, transhumante, urbana) entre las voces del lugar, las de la pertenencia (provincial, doméstica, referencial). Convoca, por ello, a la musa rural y bisilábica, Rita, «de junco y capulí», que acude a la escena del poema para responder al diálogo propuesto: «Qué frío hay... Jesús!».

En el registro modernista reinscrito por la evocación rural, el cuerpo de esta mediadora se hace presente en el poema: su «hay» vale por *hace* y por *ay*. El poema funde, así, la escritura y el habla, y propone que aquella se debe a esta. Lo nuevo empieza en la irrupción de una oralidad citada, ese otro límite de las transgresiones vallejianas. El sistema dual, además, se fractura con la voz sin palabra del «pájaro salvaje», cuyo llanto es anterior a la escritura, y cuyo lugar ya no es el campo ni la urbe sino el poema. Lo ilegible, lo nuevo, ocurre en el escenario de lo más legible.

En verdad, el sistema vallejiano se construirá sobre esta polaridad tensa y permutante, cruzada y tramada, de la legibilidad del mundo en el poema y de la ilegibilidad del poema en el mundo.

Pero ya en *Los heraldos negros* el poeta sabía que su voz (como el graznido que le reprocharon a Whitman sus críticos) pasaba por la fricción contrarretórica, poniendo en crisis la mesura del bien decir y las sanciones del gusto. «Jadear de roca» («Líneas»), «como un can herido» («Amor prohibido»), «rechina en mi cuerpo» («Rosa blanca»), «en mi verso chirrían [...] luyidos vientos» («Espergesia»), dan cuenta suficiente de esa conciencia expresiva, que es «ley de vida», «voz del Hombre» y «libertad suprema» («Líneas»).

Más allá del protocolo del gusto, o más bien en contra suya, Vallejo extrema en *Trilce* la hipérbole barroca de una sintaxis que desplaza sus términos hasta convertir a los sujetos en complementariedad circunstancial. Pero sobre todo irá a desrepresentar la lógica referencial, que garantiza la veridicción del lenguaje. Lo que deconstruye, entonces, no es el poema mismo —cuya *ars combinatoria* había sido prolongada por las vanguardias—, sino la lectura del poema. *Trilce* (como *The waste land,* de Eliot, y *Ulysses,* de Joyce, publicados también en 1922) empieza un proceso irreversible de la nueva escritura: la sintaxis ya no es el orden del mundo en la frase; y las palabras en el poema ya no son las mismas del Diccionario porque dicen otra cosa. Vallejo (como Darío al comienzo del Modernismo) inicia un nuevo escenario poético, ya no sobre el registro de la prosodia y la música, sino sobre la representación misma del lenguaje, cuya referencialidad (la función del nombre de representar una cosa) es puesta en entredicho.

4.2. La obra en marcha

Probablemente por eso, sin asidero en la fractura que había desencadenado, Vallejo no llegó a organizar su poesía inédita en otro libro. Después de *Trilce* (cuya segunda edición salió en Madrid en 1930), solo apuró a las prensas (gracias a la solicitud de Manuel Altolaguirre) su urgido testimonio de la Guerra Civil Española (*España, aparta de mí este cáliz*, 1939), cuya publicación no alcanzó a ver. La condición inédita de su poesía europea es uno de los grandes misterios de la poesía moderna en esta lengua. ¿Por qué Vallejo no ordenó y publicó esa obra fundamental? Había anunciado en una entrevista de 1931 que tenía un nuevo libro de poemas para publicarse: *Instituto Central del Trabajo*. El título, enfático, alude a su marxismo, pero sugiere una *boutade*. No quería publicar sino por absoluta necesidad, pero tampoco es fácil organizar una obra dispersa, escrita intermitentemente, en la zozobra cotidiana de la pobreza. Sobrevivía mal del periodismo, la traducción y las clases privadas, y estaba dedicado intensamente a las vicisitudes de una política cada vez más desgarrada y, pronto, trágica. Hablaba de sus «poemas humanos», como de una obra en marcha, pero no era la clase de poeta que suma poemas y hace un libro, sino de los que conciben el libro como una constelación. A su muerte, la viuda publicó los inéditos (*Poemas humanos*, 1939) añadiéndoles el canto a España. No debe ella haber sabido mucho sobre esos poemas, cuyo orden en esa edición parisina es casual. Es cierto que varios errores provienen de su información insegura, pero es bueno reconocer que a ella le debemos el comienzo del establecimiento de los textos, a partir de la edición Moncloa (*Obra poética completa*, 1968), realizada al cuidado de Abelardo Oquendo. Al hacer su propia edición (*Obra poética completa*, 1978), Juan Larrea, el escritor más cercano a Vallejo, demostró que tampoco la conocía bien cuando dividió la poesía póstuma en dos libros separados, decidiendo que el título de un poema («Sermón de la barbarie») iniciaba un libro aparte.

Mi tesis es que Vallejo trabajaba sobre esos poemas manuscritos sin poder darlos por acabados. Por todas las razones citadas, verosímiles y a la vez inciertas, pero también por su marginalidad literaria que, creo yo, se acentuó cuando, en sus últimos años de vida, fue percibido como trotskista. Casi al final de su vida, en un periodo febril de pocos meses, revisó, copió y fechó veinticuatro poemas. Vallejo, frente a su obra inédita, parecía tener una relación no funcional, probablemente secreta; como suele ocurrir con cierta familia de poetas, esa intimidad con lo escrito se prolonga en el estado latente de lo inédito, en su caso una textualidad desbordada y conflictiva. Los manuscritos y las copias dactilográficas que conocemos (aunque es poco todavía como para ensayar opiniones rotundas) hacen creer que esa relación era lo más personal del poeta (sus amigos no sabían de su obra en marcha); escritos en un cuaderno escolar fabricado por la República, esos borradores fueron dados a conocer por Juan Fló y Stephen M. Hart en 2003.[4]

No es seguro que los textos incluidos en ese cuaderno sean la primera redacción de estos poemas (sería el conjunto de borradores más insólito de la poesía, hecho solo de grandes poemas). Es posible que el poeta los copiara de papeles sueltos para revisarlos de a pocos, laborando en el taller de su propia obra. Hay quienes han querido hacer de los poemas revisados una unidad independiente, escrita en apenas dos meses, ya que las fechas de los poemas así lo sugieren. Mi impresión es que Vallejo, al copiar los poemas en ese cuaderno, los liberó de su cronología, dándoles una actualidad distinta, la del presente de la reescritura. Cualquiera que conozca de cerca la tarea poética reconocerá esa puesta al día que se establece en el diálogo periódico con su obra inédita. La temporalidad de un manuscrito en proceso, quiero decir, no es la del calendario. Fechó los manuscritos en su cuaderno, marcando la última revisión, como si fechara no su escritura sino su tachadura; y conservó esa

4 Vallejo, César. *Autógrafos olvidados*. Edición facsimilar de 52 manuscritos, al cuidado de Juan Fló y Stephen M. Hart. Londres y Lima: Tamesis y Pontificia Universidad Católica del Perú, 2003. Véase también la edición de Francisco Moncloa: *Obra poética completa*. Edición con facsímiles a cargo de Georgette de Vallejo, al cuidado de Abelardo Oquendo. Lima, 1968. Incluye primeras versiones de varios poemas la edición crítica de Américo Ferrari, cuya segunda impresión salva numerosas erratas. Otra edición que reproduce las copias digitalizadas es la de Ricardo Silva-Santisteban.

fecha al pasarlos a máquina para testimoniar el traslado como un solo presente. Quizá esas fechas marcaban para él un posible principio de ordenamiento del libro, aunque siguió corrigiendo sobre las copias dactilografiadas. Y hay que reconocer que los poemas de París no constituyen un libro. De un modo paradójico que dice mucho sobre la clase de escritor que era, Vallejo había logrado conjeturar su propia escritura, buscando descentrar al lector en su lectura, y seguir escribiendo, se creería, sin tener que escribir más. Y ello gracias a la complejidad de lo inédito, a esa suerte de desacato que un poeta ajeno a la producción al uso parece instaurar en esta construcción (solo en apariencia paradójica, más bien radical) de una poética siempre procesal.

Trilce, no hay que olvidarlo, es una palabra que no está en el Diccionario. O sea, no existe fuera del libro que titula y del poema que nombra. Algunos lectores han intentado devolver el término al Diccionario, naturalizando, así, lo que el poeta había logrado liberar del ámbito natural. Porque *trilce*, en efecto, no tiene sentido fuera del libro, al que nombra y desnombra como si este libro fuese una anomalía del idioma. Frente al oráculo lingüístico de *Trilce*, entonces, el lector deja de leer y empieza a descifrar: a cifrar una nominación sin objeto nombrable. La lectura se transforma en una escena sin código ni traducción: leemos lo ilegible, tratando de recodificar la composición figurativa del poema. El poema, en fin, nace de su tachadura para que la lectura se libere de la prolijidad, redundancia e indistinción de un mundo pacificado por el lenguaje. *Trilce* es un hueco en el lenguaje, un espacio a deshabitar para que las palabras reorganicen la «nueva armonía»; no la Armonía clásica, de «seguridad dupla», sino la nueva fuerza impar de la orfandad, del cero a la izquierda, del dedo meñique, de esos *todavías* que todaviízan, de esos *aúnes* que nacen del lado del sujeto de los márgenes, en una historicidad del cambio, para una política de la subversión de lo dado y una deconstrucción de lo sancionado.

La tachadura es, desde *Trilce* hasta *España, aparta de mí este cáliz*, el dispositivo poético que Vallejo diversifica, explora, y convierte en inherente a la escritura misma, al punto que se puede postular que una poética de la tachadura es intrínseca a la escritura vallejiana, tanto porque el poema es una materialidad que adquiere su forma en el proceso de ser tachado, como porque el lenguaje mismo sufre el sistemático tachado de sus anudamientos al mundo que nombra y al relato que construye. Antes de ser sometido a este procesamiento, el poema es una «mala escritura»; esto es, una materia verbal producida por la lógica discursiva, el desenvolvimiento de la cadena lingüística, y el despliegue y rodeo que el lenguaje hace del poema mismo, prefigurado y latente, que deberá pasar por el desmontaje y la elisión para adquirir su forma libre, su carácter de habla única y su sentido paradójico. En *Trilce*, Vallejo agotó esta hermenéutica, cuyo signo hermético fue deliberadamente abstruso y contraestético, una liquidación prolija del idealismo modernista.

El testimonio de su amigo Juan Espejo Asturrizaga (*César Vallejo. Itinerario del hombre, 1892-1923*) demuestra, sin proponérselo, el funcionamiento de este operativo. Cuenta Espejo haber leído varias primeras versiones de los poemas de *Trilce* y se sorprende de que el poema se haya transformado en oscuro, críptico y, en buena cuenta, ilegible: había pasado de la lógica gramatical a la práctica trílcica. En efecto, Vallejo borraba las conexiones, tachaba las referencias, y producía, así, un poema que no pasaba de su borrador a su forma óptima, sino todo lo contrario: pasaba de su expresivo o narrativo estado pleno y explícito a un estado de zozobra y ambigüedad verbal. El borrador, posterior al original, era el producto de una tachadura.

Vallejo declara la licencia retórica de su mecanismo en Trilce LV, donde la sobreescritura misma es un producto residual:

> Samain diría el aire es quieto y de una contenida tristeza.
>
> Vallejo dice hoy la Muerte está soldando cada lindero a cada
> hebra de cabello perdido, desde la cubeta de un frontal, donde
> hay algas, toronjiles que cantan divinos almácigos en guardia, y
> versos antisépticos sin dueño.

En esta *ars poetica* o contrapoética, el pobre Samain, como buen poeta menor, busca definir un patio de prisión o de hospicio y termina atribuyéndole al paisaje sus emociones. La cita de ese verso es reescrita por Vallejo con una tirada donde, por un lado, los pocos verbos («soldando», «cantan») no articulan el paisaje incongruente de los nombres; y, por otro, el sujeto citado («la

Muerte») tampoco suma las tres series nominales, que se tornan adjetivales. Sabemos, por Espejo, que el poeta escribió el poema después de visitarlo en el hospital, de modo que es verosímil deducir que los nombres se refieran al cuarto del enfermo, solo que la representación misma está tachada y en su lugar tenemos una suerte de composición cubista, cuyo sentido de crudeza y gestación se impone con desenfado y cierta ironía. Pero quizá lo legible sea aquí lo ilegible, y el sentido, más bien, emerja como diferente, como el proyecto de otra legibilidad: aquella que ausculta la violencia de lo real, lo material y elemental, cuya irrupción abrupta en el poema desplaza la mala poesía sentimental con una mala poesía tan deliberada como deliberativa.

El poeta parece haber elaborado su propia poética a partir de estos mecanismos de elisión, tachadura y substracción. Saturando el poema para sustraerlo por dentro, buscando suscitar una materialidad gestante, en algunos poemas del libro parece culminar el proceso, aunque ello solo sea posible a costa de la legibilidad. Ocurre en Trilce XXIX, que empieza así:

> Zumba el tedio enfrascado
> Bajo el momento improducido y caña.
>
> Pasa una paralela a
> Ingrata línea quebrada de felicidad.

Esta composición geométrica posee una lógica interna cuyo principio de articulación, sin embargo, no podemos leer como el de cualquier otro poema. Al tachar los referentes, el poeta produce nuestra lectura, que va del enigma al asombro, del diseño de los paralelismos de figuras lineales a la polaridad de lo firme y lo fluido, de la línea al círculo. Recuerdo la felicidad de Haroldo de Campos con este poema, cuando me pidió colaborar en su traducción de los más difíciles poemas de *Trilce.* El rigor, la simetría plena, el claro hermetismo, la ilegibilidad de lo no dicho en la rotundidad de lo dicho, lo entusiasmaron precisamente porque el poeta suprimía el lenguaje para que apareciera el poema. Al final, concluimos, la larga gestación de lo trílcico culminaba en la plenitud de un estado «trilce».

Entre los poemas de la década de 1930 hay uno, «Intensidad y altura», donde Vallejo hace más explícita su visión de la poesía:

> Quiero escribir, pero me sale espuma,
> quiero decir muchísimo y me atollo;
> no hay cifra hablada que no sea suma,
> no hay pirámide escrita, sin cogollo.

Deliberadamente «mal escrito», como el ejemplo de lo que proclama (la llaneza de la rima sugiere el desenfado con la poesía, cierta violencia y sarcasmo contra el lenguaje poético), este soneto nos dice que el poeta no puede escribir porque las palabras no se lo permiten: toda enunciación debe ser una secuencia del habla articulada, y toda composición verbal debe seguir la lógica gramatical, ser una figura provista de un centro. De modo que es la naturaleza misma del lenguaje lo que le impide escribir. La poesía, entonces, no está en el lenguaje; está en las palabras a pesar del lenguaje; está en la materialidad de lo que carece de materia («fruta de gemido»), en el acto irrisorio de «comer yerba», ya que no basta con escribir «yerba» (¿ni siquiera *Hojas de hierba*?). Esta resustanciación del poema a partir de una crítica radical de la poesía tal como la conocemos es un acto de rebeldía, pero no tiene resolución, salvo el gesto del sarcasmo: «vámonos, cuervo, a fecundar tu cuerva».

El descubrimiento de manuscritos de *Poemas humanos* y *España, aparta de mí este cáliz* permite ver hasta qué punto la tachadura fue parte de la escritura vallejiana. No se ha estudiado todavía las varias instancias de este proceso de resta y restitución, según el cual de un primer texto se van derivando los otros, hasta que queda no el resultado superior sino la combinatoria verbal menos evidente, de manera que el original, más que el producto revisado de borradores, está al fondo de los mismos, y es restituido. Borges (que reescribió sus primeros libros de poemas como si fuera dos, tal vez tres poetas distintos) había previsto que la serie de los borradores no es causal. El hecho es que los manuscritos han sido tachados para recuperar el poema, pero han sido tachados varias veces y, al final, una raya vertical al centro de la página da por cancelado el proceso, lo da por cumplido, tachando incluso lo tachado. Esos manuscritos son un estado de la escritura tachada, y habiendo sido transcritos por el poeta, que además los fechó, documentan las estrategias —vía el manchón, ese tartamudeo del significante— de una lucha desigual contra el lenguaje y en favor de la otra poesía, esa por hacerse, legible dentro de una saturación de la ilegibilidad. Llevando al lenguaje al grado cero de su presencia designificada, el poeta reescribe de derecha a izquierda, en los intersticios del derroche, haciendo las restas del sentido. El evento del poema, en efecto, acontece en la inanidad del Diccionario del mundo.

La hermenéutica de lo tachado, borrado y suprimido, por último, no es una marca de autocensura lacaniana sino un subterfugio de suplemento derridiano. Lo tachado suplementa una voz que no se constituye sino como su sombra, entre la tinta derramada, fuera de la lógica gramatical del relato, en favor de la alteridad sin comienzo ni fin del flujo de la escritura misma. Es desde una crítica del mundo internalizado como incólume, como una construcción ideológica, que Vallejo parece empezar por la zozobra misma del lenguaje, no para negar el Ser ni la Ética, ni siquiera la Gramática (repertorio privilegiado por Jacques Derrida y, no sin entusiasmo, asumido por sus comentaristas), sino para identificar los nuevos trabajos de «desmonte» o «desbrozo» (ideológico, ecológico, político) de la crisis que, desde el fin de la Primera Guerra, hasta la debacle de 1929, y el consiguiente desarrollo del fascismo, la escritura se plantea y resuelve. Se podría, así, concluir que la poética de la tachadura es parte de la *poiesis* de lo inacabable, de aquella excéntrica y desplazada calidad de lo incompletable, que sería una fractura en el exceso de decir que pierde al lenguaje. De allí el carácter rizomático del significante convertido, desde el proceso del devenir, en puro significado, tan nuevo como materia del pensamiento creativo que es a la vez primario y forma venidera. Vallejo explora esa condición animal del cuerpo y la emoción, y en los animales (burros peruanos, palomas parisinas) ve la forma sin fondo, el revés de lo vivo, la materia que palpita en el lenguaje. Como dicen Gilles Deleuze y Félix Guattari, en *Mil mesetas. Capitalismo y esquizofrenia*, publicado originalmente en 1980, «Devenir no es nunca imitar. La escritura del devenir, en Vallejo, es ese tiempo del horizonte que asoma en las ruinas de Occidente, convertido en la espuma que remplaza a las palabras («Quiero escribir pero me sale espuma») y cuya lógica animal («Quiero escribir pero me siento puma») escapa al orden de las palabra en el poema («No hay cifra hablada que no sea suma»), condición que solo puede concluir en la noche del devenir («Vámonos, cuervo, a fecundar tu cuerva»), en el sarcasmo de la repetición y la irrisión, esa volcadura del tintero. Tachar la escritura para que devengan las nuevas formas, ese trabajo poético de escribir con todo el lenguaje unas pocas palabras, es la lección que este poeta nos deja en las manos.[5]

5 El lector interesado en estos cotejos puede consultar mi artículo «De Vallejo a Cortázar: inscripción y tachadura». En Amos Segala (Ed.). *Litterature latino-americaine et des caribes du XX siècle. Theorie et practique de l'edition critique.* Nanterre: Colección Archivos, 1988. El método cortazariano tiene en la inventiva un primer punto de contacto con Vallejo. Pero también los acerca el valor de lo nimio, de la materia gratuita, casual y explícita en la que se cita y, quizá, reconoce el mundo. La diferencia radica en que Cortázar se pelea con las palabras en un espacio desterritorializado de la escritura. Afincado en París, pero fragmentado por un principio de la representación «patafísica», su tachadura es la contraproductividad de un arte performativo y lúdico.

5

LA HERMENÉUTICA DEL HABLAR MATERNO

5.1. La escena del decir

Aun cuando casi todo en Vallejo pertenece al dominio de la connotación, un poderoso universo referencial emerge de su poesía. Y si ello será más evidente en su poesía europea, su exploración de lo material y su expresionismo emotivo como forma son parte del largo proceso de rehacer la función denotativa, cuestionada en su mecánica representacional. En el lenguaje vallejiano, el predominio del enunciado es puesto a prueba para, finalmente, liberarlo en la acción del habla poética.

Para discutir el carácter de la hermenéutica vallejiana de la representación habrá que empezar por establecer, más allá de la clasificación temática, el orden de las cosas nombradas; esto es, el papel denotativo, designativo y locativo de la nominación en esta poesía. Evidentemente, en ella, la economía del nombre evoluciona de una designación genérica y definitoria (de una economía sígnica de lo dado) hacia formas más elaboradas, que dramatizan el intercambio de las palabras y las cosas, y que muchas veces son formas antirreferenciales y actúan como una verdadera desrepresentación. Entre la nominación evocativa de *Los heraldos negros* y el cuestionamiento del papel nuclear del nombre en *Trilce*, un cambio radical se está produciendo. Frente a las verdades generales que se asientan en los nombres dados, como hemos visto, el hablante de *Los heraldos negros* solo puede responder con su propia interrogación, con la puesta en duda de su saber: «Yo no sé!» es la primera respuesta de su desamparo. De ese modo se plantea, desde el primer poema, el drama de nombrar como la pregunta por uno mismo. Porque si los nombres nos vienen dados por el régimen del saber establecido, por las clasificaciones consagradas que asumen tanto la autoridad de lo real como el poder de la significación, se hará necesario cuestionar el valor de esos nombres, el orden que perpetúan y la explicación que sostienen del sujeto. Así, la puesta en duda de los nombres genéricos empieza a revelarse desde la orfandad del hablante, cuyo paradigma, el «hombre pobre», supone al sujeto empobrecido por el mismo lenguaje que lo perpetúa. Perdiendo dramáticamente el uso del habla ligada (de un logos suficiente), *Los heraldos negros* traza la suerte de su naciente sujeto de la Modernidad disconforme, cuyo primer gesto es la crítica al lenguaje. La poesía demanda expulsar del poema al lenguaje inculcado. Con los mismos materiales de la tradición, el habla desligada y fragmentaria de un sujeto que desdice de su lugar en los discursos busca, ya en *Trilce*, recomenzar en la intemperie y el desamparo. Su territorio es el desierto de lo humano, sin centro articulador en la poesía. En esa fisura nombra, o renombra, Vallejo.

En *Los heraldos negros* es patente la dicotomía (presencia/ausencia, desasosiego/dualidad) entre valores del último Modernismo hispanoamericano, cuya utopía poética es un español universal, por un lado, y, por otro, los nuevos valores subversivos de lo que podríamos llamar «el contradiscurso de la crisis» (crisis de la tradición idealista, registrada paralelamente por Joyce y Eliot). Entre una y otra página, este libro comprueba la insuficiencia del decir y pone en crisis la autoridad de los códigos y el poder de los saberes.[1] No pocas veces ambos lenguajes ocurren dentro de un mismo poema. Paulatinamente, el habla sin referente obvio desplazará al habla de centro estable. Dicho de otro modo, el nombre zozobrante impondrá en el libro un espacio descentrado. «Pureza amada [...]. Pureza absurda!»: en el mismo poema, de una a otra caracterización, el nombre ha cambiado de código y ha perdido su estatuto privilegiado en un discurso desbasado por el poema. En *Trilce*, este cuestionamiento del nombre es más sistemático y radical, al punto de negar la validez pacificada de la designación, la naturalización impuesta por el nombre: «Hoy Mañana Ayer / (No, hombre)», exclama el hablante, exasperado por su propia habla. Y se pregunta «¿Qué se llama cuanto heriza nos? / Se llama Lomismo que padece / nombre nombre nombre nombrE» (Trilce II).

---

1 Sobre estos y otros aspectos de la poética vallejiana puede verse mi libro *La teoría poética de César Vallejo*, ya mencionado. Los estudios dedicados a *Los heraldos negros* y *Trilce*, junto a trabajos de André Coyné, Américo Ferrari, Roberto Paoli, Saúl Yurkievich, Alberto Escobar y José Pascual Buxó, entre otros, están incluidos en Hernández Novás, Raúl (Ed.). *César Vallejo, 1.* La Habana y Bogotá: Casa de las Américas e Instituto Caro y Cuervo, Serie Valoración Múltiple, 2000.

El sujeto se rebela ante la insuficiencia de los nombres, que refieren y reiteran una identidad sin diferencia.

En *Poemas humanos*, el nombre adquiere nuevas funciones. En primer término se hace parte del objeto, figura sinecdótica de un mundo fragmentario y transitorio («¡Y si después de tantas palabras / no sobrevive la palabra!»); pero, sobre todo, la extraordinaria actividad figurativa es aquí por lo menos doble: un ejercicio en la insuficiencia («Quiero escribir, pero me sale espuma» es la poética de esta crisis del decir ligado); y, por último, una práctica de las decisiones suficientes («Un hombre pasa con un pan al hombro» propone la poética complementaria, una economía del decir solidario).

En cambio, en *España, aparta de mí este cáliz*, todos los valores del nombrar parecen ser requeridos: designaciones y connotaciones se suman, multiplicándose entre ellas; la palabra encarna, subvierte y perpetúa; es la cosa misma y es también su pérdida, su presencia como herida en el habla. Ese dramatismo del decir desgarra lo dicho: la enunciación ocurre al mismo tiempo que el enunciado en la actualidad del discurso colectivo de lo dicho y por decirse, donde el poema es una cita constante, un eco y una reversión y remisión de lo dicho y oído. Al final, la pérdida de España ocurre en el habla («Si cae —digo, es un decir—») y dejará a los niños sin nombre y sin lenguaje («¡cómo vais a dejar de crecer!»), porque el extravío del sentido histórico equivale a la regresión, al páramo sin habla.

Si en *Trilce* el sujeto se designa como «esta mayoría inválida de hombre» (Trilce XVIII), es también porque al aguardar por un «terciario brazo» está no menos inválido de nombre, requerido de un nuevo sentido en el lenguaje;

y sabe, por ello, que la contradicción («¿No subimos acaso para abajo?», Trilce LXXVII) es la mecánica nominativa (el nombrar oblicuo) que lo impulsa a hacer fecundas las «sequías de increíbles cuerdas vocales». Desde la poesía se trata de ensayar la nueva «armonía», el arte de estos tiempos. Asumiendo su propia construcción en ese lenguaje haciéndose y por hacerse, este sujeto vallejiano (este hombre sin nombre, hijo del discurso de la Modernidad) ensayará luego varios registros alternos, tentado por la simultaneidad, la secuencia, las figuras metafóricas, el algoritmo de un teorema de inducción paradójica, contradictoria y demostrativa. Estos modos operativos anuncian un nombrar equivalente, que en *Poemas humanos* encuentra su mejor elocuencia, un aparato retórico de extraordinaria flexibilidad rítmica y textura coloquial. El poema se abre poniendo a prueba su referente, pero no para desrealizarlo o mitificarlo, sino para descomponerlo en su naturaleza nominal, y decir, así, otra vez el mundo en su materialidad recobrada para el nuevo orden de la comunión/comunicación que sustente al sujeto creador/creado en las potencialidades del lenguaje. Deberíamos comer «carne de llanto, fruta de gemido», como si entre el cuerpo y el mundo todavía las palabras tuvieran un trabajo que cumplir, una interacción que manifestar, un reordenamiento que encarnar.[2] En esta hipérbole del nuevo lenguaje («potente de orfandad», se anunciaba en *Trilce*), la nominación más simple podría ser suficiente para suscitar una emotividad compartida, asombrosa y acumulativa,

2 Sobre este importante tema puede consultarse los trabajos de Paoli, Roberto. *Mapas anatómicos de César Vallejo.* Florencia: D' Anna, 1981.

nombre a nombre erigida en su momento y monumento, dentro y fuera del habla:

> La paz, la avispa, el taco, las vertientes,
> el muerto, los decílitros, el búho,
> los lugares, la tiña, los sarcófagos, el vaso, las morenas,
> el desconocimiento, la olla, el monaguillo,
> las gotas, el olvido,
> la potestad, los primos, los arcángeles, la aguja,
> los párrocos, el ébano, el desaire,
> la parte, el tipo, el estupor, el alma...

En esta enumeración dramática están ausentes tanto el sujeto como el relato, y, sin embargo, los nombres son su traza en un espacio vaciado por el lenguaje mismo, reducido a una pauta rítmica enumerativa donde la inminencia de este decir nuevo se hace oír. En *España, aparta de mí este cáliz*, este lenguaje se precipita, duplicándose («le vi sobrevivir; hubo en su boca la edad entrecortada de dos bocas»), suturando las heridas del sentido (el desgarramiento introducido por la muerte de los justos sin justicia y, por eso, necesitados de unos nuevos Evangelios capaces de transformar este mundo), y requiere, por lo mismo, nombrar dos veces, renombrar:

> ¡Ramón Collar, yuntero
> y soldado hasta yerno de su suegro,
> marido, hijo limítrofe del viejo Hijo del Hombre!
> Ramón de pena, tú, Collar valiente,
> paladín de Madrid y por cojones; ¡Ramonete,

aquí,
los tuyos piensan mucho en tu peinado!

Así como en la epístola se funden el himno y la elegía, tramando las resonancias del coloquio, en el nombre, la persona y el linaje de este héroe popular se despliegan los atributos de su valor. Esa validación permite que el poema exceda a sus referentes. Renombrar es, ahora, revelar en el objeto sus resonancias latentes. Ramón Collar se transforma en hijo de Cristo, en padre y héroe. La emoción solidaria hace del nombre un anagrama fecundo.[3]

El sujeto que ha aprendido a hablar en la poesía de César Vallejo debió empezar por perder el uso del habla institucionalizada por los discursos inculcados; debió asumir el balbuceo, la desarticulación, la onomatopeya y el grafismo, pero también tuvo que imponerse neologismos y variantes, y construir, a veces, una escena verbal opaca y trabajosa, elusiva. Debió, por lo demás, no llamar a las cosas por sus nombres sino por sus particularidades, sus sesgadas sinécdoques, su equivalencia esquemática. Como en la poesía de Quevedo, en la de Vallejo las cosas parecen arder en el lenguaje, con una lucidez voluntariosa de rutas oblicuas. Y, en fin, este sujeto creado por su acción enunciativa trastrocó el orden natural de las cosas al nombrarlas en un orden poético, allí donde el lenguaje ya no responde por su verificación empírica sino por la lógica propia de sus intercambios, de su economía paralela, hecha de cuestionamientos de

3 Véase la pertinente lectura que hace Jean Franco de *España, aparta de mí este cáliz* en su *César Vallejo. The dialectics of poetry and silence*. Cambridge: Cambridge University Press, 1976.

los órdenes establecidos, de subversiones de lo dado, de reducciones de lo demostrado; de un proceso, en suma, de puesta a prueba de la lógica natural a través de la crítica, la denuncia, la ironía, el juego, así como mediante una exacerbada emotividad que se observa a sí misma en el acto de convertirse en un discurso poético que desliga lo atado como natural para demostrarlo bajo una luz inquisitiva, en la química del coloquio analítico. Es por ello que el mundo representado en esta poesía está profundamente conmocionado: las cosas no están quietas, ni están en su sitio. Y esto ocurre especialmente, como es obvio, en *Trilce,* pero ya era evidente en *Los heraldos negros,* y de otro modo en los libros póstumos. La cuchara, el zapato, una soga, adquieren un valor a la vez literal y figurativo, y se tornan en un nuevo alfabeto que crece entre los nombres y las cosas, como un accidente del logos de la comunicación.

Tal vez este mundo de objetos en movimiento, transición y transformación pueda ser visto como un paisaje del Bosco, pero probablemente sería más preciso emparentarlo con los juegos gráficos de los suprematistas rusos, con el Cubismo de Juan Gris y Pablo Picasso. El espacio de composición vallejiano es uno de descomposición del objeto en sus atributos. Pero es también el lugar donde los objetos despliegan funciones imprevistas, sin ser meras figuras metafóricas. Los nombres producen la iconicidad de lo emotivo. Las cosas, de pronto, parecen los signos de un alfabeto distinto, antes de que se rearticulen como una revelación del sentido.

Ya en *Los heraldos negros* se planteaba la insuficiencia del lenguaje frente a una significación experimentada como inminencia, aun no como pensamiento o saber. Desde esa perspectiva, el no saber implicaba el no poder decir debido a la falta del nombre. Así, cuando el poeta, en «Ágape» (nombre pleno para una situación sin nombre), declara «Hoy no ha venido nadie a preguntar», sitúa en el dominio de la comunicación, del intercambio natural, el drama de un sujeto culpable de su propio silencio: «Y no sé qué se olvidan y se queda / mal en mis manos, como cosa ajena». Los nombres servirán, en ese no saber, para decirlo figuradamente. En cotejo Samain/Vallejo no es solamente una crítica a un estilo dado; más interesantemente, es una demostración de que frente al lenguaje natural utilizado por Samain, Vallejo emplea un lenguaje de segunda instancia, donde los nombres organizan su propio sentido: «Samain diría el aire es quieto y de una contenida tristeza. / Vallejo dice hoy la Muerte está soldando cada lindero a cada / hebra de cabello perdido» (Trilce LV).

La lección es clara gracias al paralelismo semántico, que no se limita a la traducción de un lenguaje nominal (Samain) en otro metafórico (Vallejo). Samain dice lo que los nombres representan: su nombre se hace emblema. Vallejo, en cambio, dice que los nombres producen una lectura alegórica; la muerte trama un territorio fronterizo del sentido: su nombre designa un operativo desplegado. Nunca la muerte ha estado tan ocupada como en la poesía de Vallejo: es una muerte plena de vida gracias al lenguaje, que ante ella se rehace y activa. «Muerta inmortal» ha llamado el poeta a su madre. Pero si ella es lo uno no puede ser lo otro, salvo que ambos términos, sumados en discordia, postulen que ella no deja de morir y que, gracias al oxímoron, no cesa de vivir. Es por vía negativa que el lenguaje dice más.

De allí deriva la importancia de la peculiar gramaticalidad de esta poesía. Aun cuando en *Los heraldos negros* comprobamos una gramaticalidad puesta en tensión por la oralidad, suele aparecer, en buena parte, sobreescrita, y no solo por la filiación modernista, sino por la distintiva torcedura vallejiana de la sintaxis, por su patetismo expresivo y verbalización audaz. Se trata, pues, de una gramaticalidad muy poco previsible y, a veces, en tensión con el uso. Y no porque imágenes como «los maderos curvados de mi beso» espantaran a algunos lectores, sino porque el decir vallejiano ocurre entre variaciones, fuera de la norma idiomática, en tensión con la lógica del uso. Como sabemos, en *Trilce*, la gramaticalidad es puesta en crisis en todos sus niveles: ortográfico, lexical, sintáctico; se trata, claro, de un franco asalto al lenguaje. De modo que también la gramática poética, en el plano de la comunicación, es llevada a sus límites al recortarse el nudo referencial, lo que intensifica el carácter hermético del poema.[4] En *Poemas humanos* volvemos a una gramaticalidad estable desde el punto de vista del uso del lenguaje primario, pero distintiva y propia desde la perspectiva del lenguaje secundario, la lengua literaria. Se podría comprobar que los poemas póstumos son de una diversidad notable, al punto de que casi cada uno de ellos ensaya un modo distinto de habla. Hay en ellos una mecánica retórica puesta

4 Testimonios del proceso de escritura de *Trilce* vienen en el importante libro documental de Juan Espejo Asturrizaga ya mencionado.

a prueba, con elocuencia y control, entre lo explícito y enunciativo, hasta lo más sesgado y equivalente. En *España, aparta de mí este cáliz*, en cambio, estalla la gramaticalidad (el propio régimen de la representación), y tanto el orden del lenguaje como el orden natural del mundo son sistemáticamente subvertidos.

Ahora bien, la nominación del decir vallejiano no se da sin otras mediaciones y, fundamentalmente, sin la decisiva mediación del coloquio. Bien vista, la poesía de Vallejo podría entenderse como el trabajo de un maestro del habla: nos enseña a hablar más allá de la lengua culta, de la norma nacional, del idiolecto local, y de la misma matriz del discurso que sería el Archivo de la dicción. Su repertorio de formas del habla, por ello, es dramáticamente reformulado a partir de las formas de la tradición del coloquio, modulado como una textura dramática, con bravura y temple, con brío recitativo, cerca del soliloquio, el informe, el balance. El coloquio, en efecto, es temporal, pero su escenificación es espacial, y si lo uno lleva el ánimo expositivo de la emoción, lo otro produce la dimensión del registro; y entre ambos postulan la interlocución, el turno del lector.

Por eso, vemos que el espacio enumerativo de las cosas, de sus nombres, está reordenado por la dinámica del poema, y que su diapasón transitivo está diseminado en el coloquio. Si las cosas (un tilo, un piano, un farol, una calle) aparecen como paradigmas que reorganizan una imagen del mundo (son estas cosas específicas pero también topos y signos), su enunciación, en cambio, abre la sintaxis del espectáculo, el drama del mundo dicho en su duración, urgencia y diferencia. De este modo, el alfabeto de las cosas (el gabinete vallejiano) opera como tal solo en la única duración del decir, en la ocurrencia del poema.

En «Un hombre pasa con un pan al hombro», por ejemplo, la designación de cada hombre se define por una cosa, y, desde ella, el mundo es único y definitivo. A diferencia del repertorio de los objetos modernistas, los de este poema concurren y ocurren por una vez y no podrían repetirse. Son un paradigma concentrado que el sintagma de la enunciación articula de forma extensiva: cada objeto es un nombre desencadenante. Más que una esencia, lo define una función, relativa y relacional. Las cosas, en fin, son un alfabeto demostrativo. Y levantan el espectáculo del habla, donde la circulación de la voz hace del poema un cuerpo vivo.

El coloquio introduce la actualidad. Impone lo específico, ya desde *Los heraldos negros.* La enunciación coloquial desarrolla la temporalidad, también porque la oralidad es el ámbito de la duración. Lo oral es la materialidad del lenguaje; el sesgo físico, corporal, del hablante. Pero lo oral presupone, asimismo, el hilo del habla del origen, la latencia materna y sus transformaciones en aquello que fluye bajo las codificaciones, la indeterminación de lo femenino. En el primer libro, el sujeto del coloquio es una voz que recobra la dicción de la infancia, y propone las preguntas de su vulnerabilidad para dramatizar la ausencia de respuestas. Su desasimiento está construido como una pregunta sin respuesta: carece de interlocutor inmediato; se dirige a Dios, a la ausencia, a la amada perdida, pero no le devuelven la palabra. En cambio, en el último libro, el sujeto se ha llenado de interlocutores vulnerables: el voluntario, el miliciano muerto, el obrero, los compañeros y, al final, los niños, a quienes advierte sobre el peligro de perder el habla. En esa vulnerabilidad histórica del interlocutor, el coloquio ocurre entre interrogaciones y admiraciones, signos del decir urgido, perentorio y dialógico.

La intradiscursividad vallejiana es posiblemente más decisiva que su intertextualidad. Es notoria su adhesión a normas regionales, a un léxico peruano, pero es menos evidente, aunque no menos importante, su manejo de los modelos de habla formalizada, como es el de la retórica sacra. Varias normas de habla se suman en esta obra, empezando por la patente norma familiar; pero su enunciación pasa por otros modelos, como la oración, el salmo, el responso, lo que sin duda viene de la experiencia católica del poeta. Y con no menos eficacia explora la retórica documental («Considerando en frío, imparcialmente»), sus fórmulas enumerativas. Así como la mecánica distributiva y exclamativa de la conversación, sobre todo en sus *Poemas humanos*, que a veces evocan conversaciones compartidas sobre la actualidad, la pragmática de la oralidad es también evidente: siempre busca persuadir al oyente, quien a su vez la suscita. En *España, aparta de mí este cáliz*, la enunciación proviene de la poesía popular de la Guerra Civil, de las misivas y reportajes del frente, de los lemas y testimonios, de ese horizonte oral donde la guerra fue una fervorosa ampliación de las funciones del habla.

5.2. La actualidad del coloquio

La mediación coloquial es, pues, un acto de habla que subvierte las estratificaciones del discurso dado. Las dichos, apelaciones, modismos y modulaciones cotidianos, que a veces ocurren al margen de la gramaticalidad del mismo poema, están a lo largo de la obra poética de Vallejo como una explícita pragmática, pero, a la vez, como una latencia de la subjetividad viva, que asoma en la enunciación delgada de este decir más desnudo e inmediato. En *Los heraldos negros* y *Trilce* podemos comprobar que esta ocurrencia oral (esta escritura del predecir, que busca un margen del habla anterior a los códigos) se remonta al paisaje regional, a la infancia, al habla femenina, tanto como al humor absurdista o sarcástico de la exclamación irónica.[5] En los poemas póstumos, la oralidad es, más bien, una desnudez de la conciencia del decir mismo; una irrupción de la actualidad fí-

5 Alberto Escobar ha estudiado la lengua vallejiana en *Cómo leer a Vallejo.* Lima: P.L. Villanueva, 1973.

sica de la escritura; la voz repentina, abriéndose en el fondo del poema. El aquí y el ahora se abren paso a través de la actualización del coloquio en sus giros más orales. Un poema de *Los heraldos negros*, «Idilio muerto», puede permitirnos ver con detalle el funcionamiento del coloquio dentro del discurso poético (en este caso, armado sobre un esquema oral de soneto), como la función nominativa que hace de las cosas un alfabeto dramatizado. Es un poema en el que ya nos hemos detenido y al que volvemos con más detalle:

> Qué estará haciendo esta hora mi andina y dulce Rita
> de junco y capulí;
> ahora que me asfixia Bizancio, y que dormita
> la sangre, como flojo cognac, dentro de mí.
>
> Dónde estarán sus manos que en actitud contrita
> planchaban en las tardes blancuras por venir;
> ahora, en esta lluvia que me quita
> las ganas de vivir.
>
> Qué será de su falda de franela; de sus
> afanes; de su andar;
> de su sabor a cañas de mayo del lugar.
>
> Ha de estarse a la puerta mirando algún celaje,
> y al fin dirá temblando: «Qué frío hay... Jesús!»
> Y llorará en las tejas un pájaro salvaje.

Vemos, en primer lugar, que las cuatro estrofas de la figura fónica (I, II, III y IV) tienen una distribución versal notablemente regular: son unidades de un paralelismo intensificado y distributivo. La prosodia señala el control de la gramaticalidad del poema. Las pausas, tanto como la acentuación, dan al ritmo fluido y evocativo una diversificación analítica que parece demorar en cada hemistiquio la acción (y su contemplación) de la mujer convocada por el habla. La rima aguda acentúa la emotividad del recuerdo actualizado. Si la prosodia gramatical (marcada por la precisa acentuación) es la armazón del poema, la prosodia rítmica impone la conversión de cada estrofa en dos frases, incluso en el caso de la III, cuyos cuatro segmentos se leen como dos, con pausa versal marcada en el segundo verso. Así, la gramaticalidad remite a la tradición, al soneto, a la línea melódica modernista, pero la actualidad del coloquio poético pertenece al cambio, a cierta ligereza en el uso de la tradición, casi lúdicamente manejada en la métrica, y también en el uso de la oralidad como ocupación de la escritura. Comprobamos esta oralidad pregramatical en el primer verso, donde la ausencia del lexema «a» señala la irrupción de la voz. Al mismo tiempo, las tres primeras estrofas empiezan como preguntas, pero la voz, evidentemente, tacha los signos de interrogación y funde la pregunta dentro de la efusión contemplativa, en el flujo nostálgico del deseo. En los cuartetos, los dos primeros versos corresponden a la pregunta, los dos siguientes a una afirmación contrastiva. Pero si observamos nuevamente el funcionamiento de la prosodia poética podemos verificar que, en las tres primeras estrofas, la entonación de las preguntas se reitera, al punto de que aparecen ramas tensas en todas las pausas versales. En efecto, el ritmo tonal está hecho sobre las variaciones de la voz interrogativa: capulí/dentro de mí, por venir/de vivir, su andar/

del lugar; la tensión ascendente de la voz revela la pauta, que solo en la estrofa de la respuesta (IV) empieza a declinar a través de ramas distendidas. El verso final, el único marcado como independiente, dramatiza la distancia con su grito («llorará») y silencio (punto final). Por lo demás, la acción oral se da en la modulación de los tiempos conjugados. Tanto, que la temporalidad es un subproducto del habla, como si el habla tuviese el poder especulativo de convocar el flujo del tiempo. Las preguntas plantean la perspectiva verbal del futuro, solo que en el idiolecto regional se trata del tiempo presente; o sea, estamos ante una especulación del coloquio, que desde la memoria ensaya reconstruir lo cotidiano.

El acto de habla declara su presente, «esta hora», dentro de un tiempo más amplio, «ahora». Así, el poema se hace en el acto que lo dice: su escritura coincide con su enunciación, lo cual, por lo menos, subraya el juego presencia/ausencia, y hace de la voz el espacio de las convocaciones. En IV, la forma «Ha de estarse» responde a las dos preguntas por el *estar*, que es el ser de esta Rita andina, verdadero espíritu del lugar. Pero aun allí irrumpe la oralidad: la frase coloquial que ella pronuncia, y que lleva el temblor de su cuerpo ante el frío de la tarde, canjea «Qué frío hace» por «Qué frío hay», lo cual desdobla al verbo en una exclamación. Una poderosa representación emerge aquí del puro probabilismo verbal, enmarcada por un título sobreescrito y por un último verso sumamente literario, que rubrica el poema con su gesto futurístico culminante. En efecto, ese verso viene y vuelve a la literatura. Nos remonta a Walt Whitman, cuyo «Song of myself» (final de la primera sección de *Leaves of grass*) anuncia que el poeta es un águila marina, muy poco domesticada, que lanza su «*barbaric yawp over the roofs of the world*».[6] El término *yawp* («chillido, graznido») fue utilizado con obvio sentido derogativo contra la poesía de Whitman en su tiempo; de modo que el gran poeta, un modelo para Vallejo en tantos sentidos, lo recobra aquí en su definición emblemática. «Y llorará en las tejas un pájaro salvaje» es un verso resonante y desafiante que resuelve las preguntas y respuestas del poema en otro plano. En este emblema se proyecta el poeta como parte del paisaje recobrado, pero libre de su domesticidad. Entre el aquí y el allá, entre los tiempos distintos dentro del presente, la poesía intermedia, sin códigos.

Para analizar ahora los campos semánticos que organizan la significación y ver cómo opera el alfabeto del mundo articulado por el poema, el siguiente diagrama puede ser un punto de partida:

	Antítesis 1	Antítesis 2	Respuesta (IV)
Naturaleza	I (dulce)	II hogar	
	ELLA	LUGAR	COLOQUIO
	III (sabor)	III identidad	
Arte	I (insaboro)	II vacío	
	YO	ERRANCIA	FIGURACIÓN

Las estrofas del poema se distribuyen al interior de dos planteamientos antitéticos: los signos de la Naturaleza y los del Arte, que se resuelven en la remisión

6 Guy Davenport comenta el linaje literario de este verso de Whitman en *Every force evolves a form*. San Francisco: North Point Press, 1987.

de una respuesta, equivalente a IV en nuestro cuadro. Por un lado, tenemos que, en el dominio de lo natural, Ella posee los atributos del sabor, mientras que el Yo es el artista mundano que desde el *spleen* descubre el sinsabor. Por otro lado, el Lugar supone el contexto hogareño tanto como la identidad profunda del sentido de pertenencia; mientras que, en la ciudad, el artista vive la angustia de la Errancia. Por eso, las antítesis solo pueden resolverse en una figura de equivalencia: en la visión o entrevisión que el poema actualiza, recobrando el habla misma de la amada perdida gracias al Coloquio que el Arte suscita en la Figuración. Hijo de la visión y del coloquio (de Baudelaire y de Whitman), el poeta trasciende, al final, las antítesis de la figuración libre, tanto prerrural como preurbana, del pájaro tan salvaje como literario. El sonido pleno de este último verso lleva la fluidez circulatoria (sangre, licor, lluvia, celaje) de un poema transitivo, cuya figura interrogativa suma tiempos y mundos dobles en un instante.

En último término, este poema plantea la confrontación de dos alfabetos del mundo: el del código rural y el del código urbano, que el arte, con sus propias respuestas, busca resolver. Una percepción y una representación definitivamente vallejianas se configuran en esta mecánica nominativa que coteja, intercambia, equivale y reformula los términos de la naturaleza y la cultura. La producción de la semiosis tendrá en esta economía sígnica su vertebración. La palabra rural otorga las pruebas de la identidad, el sentido de la pertenencia, el contexto sustentador hogareño, la noción fecunda de la naturaleza, el intercambio realizador de los signos; en cambio, la palabra urbana aparece sin razón social, y no solo por la angustia que la hace zozobrar, sino porque el habla ocurre en la errancia del sentido. *Los heraldos negros* y *Trilce* plantean estas dicotomías de manera bastante explícita. En cambio, en la serie de *Poemas humanos*, la palabra ocurre en la dimensión urbana más moderna: el espacio del exilio, donde el paisaje social desligado es el ámbito de una crisis, ya no de la tradición, sino del sentido mismo del sujeto en el lenguaje.

El sujeto de la orfandad es ahora el desocupado, cuyo soliloquio desgarrado contradice el optimismo civilizatorio, promueve una subversión donde lo natural rehaga el camino de la cultura solidaria. En *España, aparta de mí este cáliz* habla este sujeto desde sus batallas, en una utopía hecha con los restos del Apocalipsis, a nombre de una radical revolución permanente, en esta postulación de un nuevo cristianismo. Mientras que el habla rural y premoderna sustenta al poeta de la tribu, ritualista, oficiante, el habla urbana instaura al poeta civil, deliberativo, circunloquial; el habla apocalíptica, por su parte, suscita al poeta profético, más allá de lo natural y lo sabido, en la pura subversión del discurso.

Es notoria en los dos primeros libros la compleja filiación (de todo signo) del sujeto hablante. Sujeto de la orfandad, requerido de explicaciones, encuentra que su naturaleza filial es tanto una plenitud como una carencia, y un habla en el lugar de la otra, desdoblando un sistema de referencias definitorio. La lengua materna, el núcleo matriarcal de su imaginario original, es la fuente misma de su palabra oficiante. No es que el padre esté ausente de este proceso de otorgar la palabra

(«La mañana [...] / echa a volar Verbos plurales, / jirones de tu ser», se dice del padre en «Enereida»), pero es de la figura de la madre de donde proviene una noción más cierta y raigal del coloquio. Las palabras no son «jirones» de la madre, sino su medida de la certidumbre: «Mejor estemos aquí no más. / Madre dijo que no demoraría» (Trilce III). El sujeto se retrotrae al habla infantil para recobrar esa dimensión del hablar materno, la norma familiar y rural donde circula el sentido, ahora extraviado. Desde la cárcel, se convoca a la madre («Amorosa llavera de innumerables llaves»), pero no solo porque ella podría liberar al desamparado, sino porque ella es el interlocutor que encarna el coloquio: «Contra ellas seríamos contigo, los dos, / más dos que nunca. Y ni lloraras, / di, libertadora!» (Trilce XVIII).

Contra las paredes de la celda, la madre y el hijo multiplicados superan aquí la penuria gracias a la parábola del decir, hipérbole compensatoria donde el habla materna, desde la sílaba plena de la voz que la convoca, oficia curativamente. De esa matriz verbal nace también el diálogo: «Oye, hermano, no tardes / en salir. Bueno? Puede inquietarse mamá» («A mi hermano Miguel»). La abundancia del sentido se sostiene en la figura materna, paradigma de la comida, el remedio y la palabra. Ante esta figura, el hablante es un aprendiz de la lengua («y yo arrastrando todavía / una trenza por cada letra del abecedario»), hijo reciente de la madre y de la lengua madre. Este poema (Trilce XXIII), luego del recuento de los alimentos maternos («bizcochos», «ricas hostias de tiempo», «sus mismos huesos vueltos harina»), deriva hacia «el alquiler del mundo donde nos dejas / y el valor de aquel pan inacabable», que «nos van cobrando todos»: este valor de cambio de las cosas, sin embargo, es disputado por la palabra otra vez convocada de la madre:

> y nos lo cobran, cuando siendo nosotros
> pequeños entonces, como tú verías,
> no se lo podríamos haber arrebatado
> a nadie; cuando tú nos lo diste,
> ¿di, mamá?

El habla de la madre es la gota del lenguaje heredado como decir, afirmación e interrogación cuyo poder se revela, dramáticamente, desde la ausencia del principio materno de la nominación. Es un habla cuyo modelo es una matriz, pero cuya ausencia no llenan los nombres: el lenguaje materno es la deuda contraída con el mundo, que nos desaloja de la casa, nos despoja del sustento verbal en la cárcel, cuyo esquema carga de hierros al lenguaje y nos convierte en «inquilinos» endeudados del mundo, privados de una pertenencia en el habla. Este vaciamiento filial hace del poeta el ausente, privado de los nombres y obligado a una errancia sin mapa. Desheredado del lenguaje cuando la madre muere, el hijo («mayoría inválida de hombre») se transforma en huérfano del discurso, y nunca más estará cómodo con la noción genealógica del lenguaje, que concibe, más que como raigal y lógico, como arborescente y sucesivo. Rehacer la palabra materna exigirá aprender a hablar de nuevo, en la zozobra de otro discurso, sin ilusiones pero fiel a la ruptura instaurada entre las palabras y las cosas por su improbable equivalencia y más probable divergencia. Cortado el hilo del habla materna, el lenguaje transfiere a otras matrices del discurso su búsqueda de un coloquio tan oral como material.

En *Poemas humanos*, el habla urbana reflexiona sobre su propia producción desligada, diseminada en el espacio del exilio. El poeta redefine su función en un orden material rehecho en el nuevo discurso poético: «[...] hiendo / la yerba con un par de endecasílabos», dice en «Quedéme a calentar la tinta en que me ahogo». Pero, aun cuando la palabra constata el desarraigo que la define, la representación del mundo no deja de desarrollar una mecánica nominativa de textura visual precisa y textura oral resonante. De modo que las cosas son, muchas veces, signos de un alfabeto que transfiere los hechos del orden natural al cultural, y de este a aquel, en una interacción que propone el proyecto antintelectualista de revalorar lo específico; transgresor de lo formalizado y pacificado; y capaz de promover con sus asociaciones rigurosas una percepción más genuina del drama de pensar, desde el arte, otro mundo.[7] Después de todo, gracias a la poesía, la naturaleza sigue creciendo en el discurso.

Lo vemos en esta suerte de elegía donde el coloquio se diversifica con giros orales y toques anacrónicos, con efusión exclamativa y lucidez exacta:

7 Américo Ferrari ha discutido el pensamiento poético y la dimensión filosófica de Vallejo en *El universo poético de César Vallejo*. Caracas: Monte Ávila Editores, 1972.

La vida, esta vida
me placía, su instrumento, esas palomas...
Me placía escucharlas gobernarse en lontananza,
advenir naturales, determinado el número,
y ejecutar, según sus aflicciones, sus dianas de animales.

La percepción toma un dato cotidiano y lo propone como una figura de equivalencia: las palomas aparecen como «instrumento» de la vida, implicada esta, por tanto, como fuente o matriz nominal. De esa manera, la representación convierte a estos datos «naturales» en signos de un discurso figurativo cuyo sentido es latente. Es decisivo aquí el hecho de que estos signos no se traducen a otro discurso, sino que son intransferibles, elementos primarios del pensamiento sobre la experiencia construyendo una figura de su sentido. Por lo mismo se puede decir que estos signos no tienen otro código que el propuesto, al modo de un contrato con la lectura, por los dos primeros versos del poema, donde se define el carácter del intercambio sígnico. También por lo mismo sabemos que, con el alfabeto de las palomas, el poeta levantará un discurso sobre la vida misma. Y, en efecto, el habla se mueve como si reprodujera el movimiento pareado de las palomas, cuya imagen, una epifanía urbana, arma la leve arquitectura del instante vivo. Dadas las pruebas, el discurso vuelve sobre sí mismo, descubriendo las evidencias: «Vida! Vida! Esta es la vida!». Luego de una consideración elocuente sobre la «tradición» de las palomas («Zurear su tradición rojo les era», hermoso verso animado por su vibración interna y su actividad evocativa, de entonación barroca), el poema abre el margen de las correspondencias. El sujeto, entrañado en el discurso, es el testigo que descifra su lectura:

> Palomas saltando, indelebles
> palomas olorosas,
> manferidas venían, advenían
> por azarosas vías digestivas
> a contarme sus cosas fosforosas,
> pájaros de contar,
> pájaros transitivos y orejones...

Las palomas, en tanto signos en pos de un discurso, abren este margen de comunión/comunicación que hace del espacio urbano (entre las nubes y los albañales) un lugar transformado por la imagen poética de un linaje suficiente. Lo real, una vez más en la lección vallejiana, se construye como tal en el lenguaje. Desnudos en su propio saber, los signos-palomas hablan ahora desde el nuevo código del poema, impuesto por la vulnerabilidad y desnudez del hablante que descuenta las evidencias: «No escucharé ya más desde mis hombros / Huesudo, enfermo, en cama, / Ejecutar sus dianas de animales... Me doy cuenta».

Se trata, evidentemente, de la madre Naturaleza dando lecciones del reino animal y de su lenguaje solo en apariencia indistinto, ya que su lectura no tiene que ser fatalmente antropomórfica. Más allá de las dicotomías, que la extravían, y de la fusión sentimental que la caricaturiza, la naturaleza es otro lenguaje, o la matriz del lenguaje mismo, capaz de recuperarnos entre mediaciones, percepciones y representaciones donde su lección de cosas, o, para el caso, de animales, nos devuelve una dimensión humana extraviada por la partición moderna de la conciencia y el mundo. Por eso, la sentencia final («Me doy cuenta») declara la lección asumida: soy consciente y, aunque tarde, entiendo.

Las otras lecciones que el poeta asume declaran el abecedario del reino vegetal. Se trata ahora de «El libro de la naturaleza», pero no de la formidable metáfora de los románticos, como Novalis, que buscaban en las huellas de los pájaros o en el rumor de las hojas un lenguaje original, un código perdido, sino, más bien, de la didáctica que ese libro de libros propone y cuya lectura se decide como un aprendizaje, no como un dictamen: el buen alumno, el mal alumno y el alumno se turnan en la lectura de las hojas del árbol, que son la baraja de su suerte; y definen en ella la índole de su carácter, o al menos de este día dedicado a redefinir el lugar del ser humano en el jardín de plantas.

Esta vez, un «tilo / rumoreante, a la orilla del Marne», un signo de la naturaleza clásica, se convierte en maestro puntual y paradójico de los paseantes casuales, cuya condición de alumnos distraídos los exime o los redime ante la sabiduría de este bosque claro. Esta vez, el poeta asume directamente la interlocución: «Profesor de sollozo —he dicho a un árbol» anuncia el acto de habla y su relato. Si el árbol es el maestro, el poeta es su relator. «Rector de los capítulos del cielo», anuncia la lectura mediadora del propio árbol, a su vez ocupado en descifrar otra lectura. «Técnico en gritos, árbol consciente», lo llama, sugiriendo que su saber natural está enraizado en una suficiencia tal que es en sí un paradigma didáctico. De modo que todos leemos porque todos somos signos de una naturaleza materna que entre el sol, el agua y el árbol reparte la gran tarea de leernos a nosotros mismos como alumnos, con suerte, capaces de graduarnos por «haber tanto ignorado», otra lección del viejo profesor. El poema está a punto de humanizar al árbol, como si esta vez el antropomorfismo fuese un modo de recuperar el diálogo material y sustantivo con los signos de la naturaleza. Si las palomas recuperaban al poeta en su condición humana, esta vez el poeta, desde un mecanismo de intensificación de identidades, recupera al árbol para recobrar al alumno. El lenguaje, por lo mismo, gira entre funciones restitutivas, y es capaz, como otra naturaleza, de prodigar y religar. Por eso se puede decir que el árbol es desplazado aquí como figura de demostración en el debate sobre los saberes fundamentales, los del mundo material, vivo, en el orden natural del mundo hecho lenguaje. Con esta crítica al intelectualismo, Vallejo no se propone la transfiguración natural del árbol. Se propone algo más: hacer hablar al árbol. Más allá de las explicaciones dadas, el poeta recupera el origen de su propio discurso y se remonta a su primer libro, allí donde el no saber era una sabiduría, un poder crítico que desmentía las pacificaciones del lenguaje en el mundo. «¡Oh profesor, de haber tanto ignorado!», concluye. Así, los nombres son el contenido latente de otro discurso.

En *España, aparta de mí este cáliz*, este alfabeto latente se impone como una hipérbole capaz de rehacer el orden natural en nombre de una nueva cultura, hecha de redención y justicia. La «Madre España», pródiga en hijos amenazados de perder el lenguaje si ella cae, cuenta con el discurso poético para rehacer los límites del lenguaje, que no son los de su mundo. Lo vemos en este «Pequeño responso a un héroe de la República»:

> Un libro quedó al borde de su cintura muerta,
> un libro retoñaba de su cadáver muerto.
> Se llevaron al héroe,
> y corpórea y aciaga entró su boca en nuestro aliento;
> sudamos todos, el ombligo a cuestas;
> caminantes las lunas nos seguían;
> también sudaba de tristeza el muerto.
>
> Y un libro, en la batalla de Toledo,
> un libro, atrás un libro, arriba un libro, retoñaba del cadáver.
>
> Poesía del pómulo morado entre el decirlo
> y el callarlo,
> poesía en la carta moral que acompañara
> a su corazón.
> Quedóse el libro y nada más, que no hay
> insectos en la tumba,
> y quedó al borde de su manga, el aire remojándose
> y haciéndose gaseoso, infinito.
>
> Todos sudamos, el ombligo a cuestas,
> también sudaba de tristeza el muerto
> y un libro, yo lo vi sentidamente,
> un libro, atrás un libro, arriba un libro
> Retoñó del cadáver ex abrupto.

Si el árbol como libro venía de la naturaleza para trascender la cultura, desplegando en el discurso poético su frondosa lección sustantiva, el libro en este poema escrito frente a la matanza de la Guerra Civil Española viene de la cultura para trascender a la muerte y levantarse como naturaleza transmutada. Se trata, nuevamente, de un signo único, sin código que lo procese y sin traducción posible. Y, por ello mismo, no es un mero emblema, sino una imagen de la vida excediendo a la muerte, o lo que podríamos llamar una lección de la muerte encarnada en el lenguaje.

Veamos el proceso de esta postulación extremada (un libro brota del cuerpo de un combatiente muerto), que solo ocurre en el poder de subvertir la percepción para reorganizar la representación. «Yo lo vi sentidamente» declara el testimonio del milagro (que quiere decir «ver más»), que amplía el campo de la mirada, y demanda la palabra del testigo que ve lo excepcional, en el suspenso del mundo que pende de la mirada. La emoción, sin embargo, anuncia su mecanismo: «sentidamente» declara el cuidado de los sentidos, o sea, implica reflexivamente, pero deduce también el proceso del sentimiento, la emoción del hecho y de su referencia. Habíamos dicho que este lenguaje radical de *España, aparta de mí este cáliz* prolonga los registros empíricos aunque no menos hiperbólicos de la Guerra Civil Española. En este caso, se requeriría de una verdadera arqueología del discurso para demostrar que en esta implosión discursiva el propio poema se levanta como una página que retoña del cuerpo discursivo español. El libro es la imagen española de la vida en medio de la matanza, no solo porque la guerra es puntualmente documentada por un arrebato testimonial de lenguajes que concurren a rendir testimonio, sino porque la lengua española se convierte en una tierra del lenguaje capaz de encarnar la saga épica y la tragedia civil como el sacrificio moderno de una idea popular de la República. Todos los lenguajes de la tradición se actualizan en esta fe testimonial, donde la razón sacrificial convierte a la muerte en una prueba de la integridad de lo vivo. Por eso, la ceremonia del responso rescata al cadáver de su derroche, extravío y sinsentido: se trata de un cuerpo incorrupto, intacto en el lenguaje. Y, en un proceso de transferencia impensable fuera del espacio mitopoético, el héroe produce, como una rama del bosque de símbolos, un libro, un instrumento donde el lenguaje no cesará. La guerra ha sido ganada por este libro sin título ni autor, objeto de la sobrevida.

Por lo demás, nos es familiar la técnica nominativa del poeta: los dos primeros versos plantean, en una ecuación explícita, la representación («Un libro quedó al borde de su cintura muerta») y la percepción («un libro retoñaba de su cadáver muerto»). Vemos primero al libro y, enseguida, la acción de que brota del cuerpo muerto. La objetividad del planteamiento postula una figura, pero su desarrollo convierte el trance trágico en literal; literal, claro está, en el código del poema, cuyo mecanismo ritual se impone sobre la lógica natural, como un ícono de la guerra. No ajenos a la representación exacerbada de los desastres goyescos, estos versos presentan su hipótesis, y el paralelismo resuena ya como el redoble de un responso. Pronto, el proceso postula una hermenéutica cuya capacidad de interpretación ocurre en el espacio poético, allí donde la representación se debe a la percepción y esta, a su vez, a una lectura que transmuta el orden natural en un reordenamiento del sentido suplementario. Luego, «entró su boca en nuestro aliento» constata que la muerte/vida del héroe popular es transpuesta al *nosotros* colectivo de esta épica interna. La palabra, por lo tanto, es cedida. La reiteración de «un libro» en la estrofa siguiente subraya la calidad absorta de la visión, su íntimo exceso. Es, por cierto, este un libro pleno: la poesía se inscribe en él, con el cuerpo mismo, en los límites del lenguaje, con la letra de las convicciones del héroe.

Desde la postulación de un no saber como la fuerza contradictoria de la carencia; desde las interpolaciones de espacios opuestos que la interpretación articula; desde las llaves de la madre que vencen las paredes de la cárcel; desde las lecciones del reino animal y las evidencias del reino vegetal, donde los saberes de la naturaleza gestan al lenguaje, el trayecto de esta hermenéutica vallejiana, que lee la textualidad de lo moderno como una crisis de los valores cristianos, humanos y solidarios, ha forjado su extraordinaria capacidad para restituir al lenguaje la pérdida del sentido, el derroche de lo vivo y la miseria contemporánea. Hacer brotar un libro de la muerte debe ser la más radical prueba de esta capacidad de representar y, en el mismo acto, reinterpretar. Esta es una poesía que hace lo que dice.

Al final del poema, el yo del hablante irrumpe, en su papel de testigo que corrobora el milagro: el origen mismo (a cuestas) es convocado en este ritual del fin, donde los cuerpos sudan como si protagonizaran un renacimiento colectivo en el cual el cuerpo encarna en el libro, como otro parto y contra la muerte, en el horizonte de un alfabeto que no reconoce pérdida porque transpone un signo en otro, en una economía de transmutación y acopio. En la tradición religiosa o en la hermenéutica idealista, este sería el lenguaje sacramental o la escritura de ultratumba, pero en el poema ocurre, más bien, como una hipérbole ceremonial y popular.[8] Se trata, ahora, de las lecciones que dicta la naturaleza mortal, leídas por el poema desde una fe civil.

Es así que el vasto dominio de la connotación, donde la enunciación sigue imaginando la dimensión del enunciado, la representación no se sostiene solo en la referencialidad. Extrae del mundo disímil un alfabeto con el cual hacerlo inteligible como otro lenguaje, más verdadero. Por ello, una vez que comprobamos los mecanismos de la nominación, verificamos también cómo esas funciones se abren por dentro a una serie fluida de resonancias, al punto que la misma representación es una zozobra significativa, la materia de una nueva interpretación.[9] El sistema de conocimiento poético, sin embargo, no postula otra filosofía sino otro lenguaje, cuyas lecciones, a su turno, se deben a la naturaleza emotiva del conocer más allá de las explicaciones dadas.

---

8 Sobre la emoción y el dolor en la poesía de Vallejo, y la religiosidad como proyecto en *España, aparta de mí este cáliz*, puede consultarse los trabajos de William Rowe y Gustavo Gutiérrez recogidos en *Vallejo, el acto y la palabra*. Lima: Fondo Editorial del Congreso del Perú, 2010.

9 Michelle Clayton propone una lectura a partir del cuerpo fragmentado como eje formal y semántico de la representación poética en *Poetry in pieces. César Vallejo and lyric modernity*. Berkeley: University of California Press, 2011.

De allí también el carácter peculiar del hermetismo vallejiano. Este es un hermetismo no siempre traducible a situaciones estables o a un discurso paralelo; al mismo tiempo, invita permanentemente a la interpretación, aunque sea una casi siempre provisoria. Sus lectores, como ante un cuadro cubista, hemos creído ver en un poema otra cosa, intentando reconstruir la figura más o menos referencial. El resultado será, invariablemente, otro cuadro. Y, sin embargo, no podemos sino seguir releyendo, y, al hacerlo, reinterpretando. La hermenéutica vallejiana probablemente no tiene fin, dada su condición polisémica; aunque tampoco es sensato creer que la interpretación libre es la mejor, ya que ese relativismo terminaría siendo acrítico. Es evidente que, gracias a la tradición crítica que la acompaña (como ocurre con los grandes poetas, Vallejo es su poesía y la crítica que ensaya su lectura), estos libros suyos propician un debate desigual pero a veces iluminador. Aunque cada vez sabemos menos sobre su obra —como insisto en proponer, en otra figura de leerla—, también es cierto que en la comunidad de su lectura el no saber es recomenzar.

Al final, la obra poética de César Vallejo tiene como contenido latente su propio contenido explícito: una peculiar, apasionada, radical lectura del universo humano y su sentido en el lenguaje demandado de un decir más cierto. Esa dimensión del lenguaje poético es tan histórica como ética.

6

La escritura de la guerra

6.1. *España, aparta de mí este cáliz* y la historia

España, aparta de mí este cáliz, el libro póstumo de César Vallejo, es una de las más radicales versiones de la Guerra Civil Española y, probablemente, su mayor producto literario.[1] Aunque el mundo no existe para llegar a un libro, como creía Mallarmé, la Guerra Civil terminó en muchos y, como dijo Lévi-Strauss sobre la Revolución Francesa, tal como la conocemos nunca ocurrió. Su historia es una bi-

1 César Vallejo. *España, aparta de mí este cáliz.* Prólogo de Juan Larrea, dibujo de Pablo Picasso. Soldados de la República fabricaron el papel, compusieron el texto y movieron las máquinas. Ediciones Literarias del Comisariado, Ejército del Este. Guerra de Independencia. Año 1939. Agradezco a Àngels Rius i Bou, bibliotecaria de la Abadía de Montserrat, y a sus dedicados colegas, su ayuda con información sobre impresos en la abadía, y la identificación del papel, que lleva la marca de un zurcido de tela del molde de hacer papel a mano; así como al director, P. Arlés, la verificación de la tipografía de caja como Romana Antigua. La edición de Moncloa, dirigida por Georgette de Vallejo y al cuidado de Abelardo Oquendo, contiene los facsímiles de los manuscritos. Reproducen la primera edición Vélez, Julio y Merino, Antonio. *España en César Vallejo.* 2 vols. Madrid: Fundamentos, 1984.

bliografía tan diversa como novelesca, y creemos saber de ella más que sus mismos protagonistas. Fue considerada la guerra mejor fotografiada, y también la última causa justa. Y, dado el debate que desencadenó, se puede decir que sigue disputando su lugar en la memoria, y en el mismo sentido de «memoria histórica», sometida a los pactos del olvido. Pero lo que en primer término plantea el libro de Vallejo es, precisamente, la tarea crítica de confrontar el sentido trágico de la guerra, por un lado, y, por otro, la demanda extrema de sentido, que subvierte al lenguaje en tanto forma inteligible de la historicidad. Este libro vertebra una situación radical de crisis, que resiste ser representada y que no se podría representar sin simplificarla. Es improbable imaginar situación crítica más extrema que una guerra civil, en la cual el lenguaje mismo se configura como el instrumento responsable de levantar la imagen de una radical disrupción de la experiencia. Porque, al final, se trata, para Vallejo, de producir una secuencia poética que dé cuenta de su propia búsqueda de articulación a esta crisis inexhausta, que es la Guerra Civil. Y, por lo mismo, este instrumento nuevo que es el lenguaje poético subvertido debería ser capaz de controlar la dispersión de lo histórico, el derroche de sentido de una matanza fratricida y la necesidad de una respuesta que exceda la racionalidad política. El irresoluble dilema será, pues, forjar un lenguaje fuera del leguaje, en sus bordes y desbasamientos. Su vehemencia tendría que ser propia del himno, género de las fases del asombro; pero, al mismo tiempo, debería ser un lenguaje capaz de cristalizar la situación histórica, aun si es obvio que el sujeto poético es excedido por ella. Este sujeto no es solamente la primera persona del poema sino la segunda plural del canto: *tú, vosotros.*

Ese desplazamiento dramatiza el uso de la palabra, reparte las funciones apelativas, amplía el campo enunciativo y termina suscitando lo numinoso, en este caso la transformación del evento en suprarrealidad. Es, se diría, el libro imposible de la poesía en español. Y su proyecto es, justamente, la improbabilidad de escribirlo, dados los límites del lenguaje, y a pesar de que la ruptura de los protocolos de la comunicación se proponen otra articulación discursiva.

Es preciso decir algo sobre la historia textual del libro, la cual es parte de su propia tradición crítica. Algunos amigos de Vallejo propagaron la leyenda de una edición príncipe que había sido destruida durante un bombardeo franquista en los últimos días de la Guerra Civil. Aunque esa versión es hiperbólica, es probable que solo unos pocos ejemplares llegaran a ser compaginados y distribuidos. El libro estaba siendo compuesto por la División de Imprentas del Ejército del Este en la bien dotada imprenta de la Abadía de Montserrat, en las montañas de Barcelona. La abadía era al mismo tiempo hospital y unidad de imprentas del ejército republicano. Manuel Altolaguirre, poeta e impresor, de notable labor editorial en España y, luego de la guerra, en Cuba y México, dirigía las Ediciones Literarias del Comisariado y había publicado en la abadía *España en el corazón*, de Pablo Neruda (1938). El libro de Vallejo iba a ser el segundo de esa serie, dedicada a aleccionar a los combatientes republicanos. A poco de la muerte de Franco y del inicio de la democracia, empezaron a aparecer archivos, documentos, números de revistas supuestamente perdidos, y surgió la esperanza de que apareciera también la primera edición de *España, apar-*

ta de mí este cáliz. Un exmiliciano, en una carta de 1973, aseguró haber participado en la impresión de la obra, de la que se terminaron «varios ejemplares». El profesor Julio Vélez reprodujo la carta en su *España en César Vallejo*, donde cuenta que en su visita a la biblioteca de la abadía encontró «hasta cuatro ejemplares». En Madrid, María Zambrano me aseguró que ella recordaba perfectamente el libro de Vallejo; incluso que había sido impreso en «papel de pobres», hecho de trapo. Estuve en el verano de 1985 en la abadía para ver este legendario libro, hasta ahora el único existente comprobable. Manuel Altolaguirre había dicho, en una carta (citada también por Vélez y Antonio Merino), que el papel que se usó fue hecho de trapo, y que se había incluido «una bandera enemiga y la camisa de un prisionero moro». No faltó quien viera incluso el uniforme de un general franquista. Estas leyendas hubiesen ido mejor con *España en el corazón.* El papel es rústico, casi transparente, y solo se podía imprimir por un lado. La portada declara que es un libro póstumo al incluir el año de muerte del poeta, «César Vallejo (1894-1938)», aunque equivoca el año de nacimiento, que es 1892. El colofón declara que «se han hecho 1.100 ejemplares. De estos se han numerado 250, y los restantes, sin numerar. Se terminó de imprimir el día 20 de enero de 1939». El ejemplar de la abadía está sin numerar. Lleva un apunte del poeta hecho por Picasso y, como prólogo, «Profecía de América», de Juan Larrea.

La edición, lamentablemente, no permite salvar las muchas erratas de las ediciones que conocemos. Juan Larrea publicó el libro en 1940, en México, y las erratas se multiplicaron en la edición de Losada. Solo en 1968 se publicó en Lima una edición facsimilar, debida a Georgette de Vallejo, quien había conservado los originales del poemario. O, al menos, un estado de esos originales, porque no son la última copia del libro, ya que tuvo que haber otra, más legible, que el poeta envió a Altolaguirre. En 1938, en la edición póstuma de *Poemas humanos* de París, el libro había aparecido por primera vez como una última sección, aunque los poemas finales no fueron impresos en el orden secuencial que había planeado Vallejo. En todo caso, la hermosa edición, casi mítica, del Ejército del Este, no añade mayor información filológica y, más bien, lleva algunas erratas que, al menos, son muy obvias; la más importante de ellas es consignar como último el penúltimo poema. Contamos con una edición facsimilar que hicieron Julio Vélez y Antonio Merino en Madrid, como parte de su *España en César Vallejo*, aunque es de formato reducido y se pierde la imagen real del poemario. Pero lo que sí permite concluir críticamente la edición de Montserrat es que Vallejo, en efecto, había preparado un manuscrito para la imprenta y que, por lo mismo, esta debe ser considerada, salvadas las erratas, la edición canónica.

Según otra leyenda, Vallejo no llegó nunca a terminar el libro y la edición de Montserrat se basaba en una copia hecha a partir de los borradores del poema. Juan Larrea llegó a creer que Vallejo ni siquiera había terminado de ordenar los poemas, lo que hoy sabemos es una opinión errada. Los manuscritos que tenemos en el hospicio de San Juan de Lurigancho, en Lima, y que aparecieron facsimilarmente en la edición limeña de

1968, son probablemente un penúltimo estadio, por la simple razón de que es imposible que se pudiese componer un libro a partir de esos originales. El mismo Larrea, al no conocer la edición de Montserrat, creyó que los poemas no eran definitivos y fue tentado por la idea de recomponer el original, cosa que hizo después, en su edición de la obra poética, de Barral Editores, con la poesía póstuma, al reorganizar los «poemas humanos» no en uno sino en dos libros. No pocos editores de Vallejo creyeron que la inestabilidad del texto autorizaba a tomar decisiones extremas. Esto mismo ocurrió cuando el traductor de Vallejo al inglés decidió que en realidad el poeta no había querido eliminar los versos tachados en el manuscrito, y que como correspondían a un estadio del poema había que recuperar también lo tachado. Y en efecto, reconstruyó esos versos y los tradujo.

Siempre me llamó la atención, por lo demás, la pregunta que un editor se hizo ante un tecnicismo usado por el poeta: «¿De dónde se lo habrá sacado Vallejo?». Esta condescendencia esconde la desconfianza en el intelecto, en el espíritu crítico y en la cultura literaria del poeta peruano. Pocos críticos se han librado de esta actitud. No es más satisfactoria la impresión de un poeta casual, grande casi a pesar suyo, excedido por las fuerzas (mitopoéticas, existenciales, sociales) que lo eligen para hablar.

6.2. La poesía de la guerra

Plantearemos ahora una serie de abordajes a los escenarios discursivos del libro para reconstruir los modos de rearticulación poética que explora y proyecta.

La teoría implicada en estas consideraciones es una de contextos, que conceptualiza la articulación poética, en este caso subvertida, y que da cuenta de la historicidad de las representaciones, en este caso desrepresentadas. Nuestra hipótesis propone que el poema forja un espacio de reconversiones, donde la violencia de la guerra es procesada desde la materia afectiva del lenguaje. La forma poética gesta una hipérbole rizomática, que figura la discordia del sentido y la pulsión mesiánica del canto hímnico; esto es, gesta la demanda política de reescribir el mundo entre la tachadura de la lógica discursiva y la promesa de la humanidad redimida. Tamaña empresa solo parecía posible desde dentro y desde fuera, entre Europa amenazada y América expoliada, desde la tragedia española y la marginalidad hispanoamericana, en la tensión de un lenguaje que se piensa como otro lenguaje. Es un signo de la época, podríamos concluir, que este tratado de poética trasatlántica sea de índole trágica y de plenitud creativa.[2]

Investigando sobre las distintas contextualidades de este libro, y aun comprobando que no hay archivo suficiente sobre tema tan conflictivo, trabajé en la Hemeroteca Municipal de Madrid con los noventa volúmenes de Periódicos Varios de Guerra tras las huellas de Vallejo, y encontrando, más bien, los escenarios de su trabajo poético. El primer contexto que debemos revisar es el escenario discursivo de *España, aparta de mí este cáliz*, que se revela en la poesía popular de la Guerra Civil.

Vallejo estuvo dos veces en la España de la guerra. La primera, como vocero de la causa republicana en París, pasó una semana en Madrid en diciembre de 1936; y la otra, en el II Congreso Internacional de Escritores para la Defensa de la Cultura, en Madrid, Valencia y Barcelona, en 1937. En ambas ocasiones visitó el frente de Madrid. Como todos los escritores progresistas de la época, estuvo absolutamente comprometido con la República, a pesar de su desconfianza inicial, del año 1931, en el signo político de esta. Se puede asumir, razonablemente, que Vallejo leyó algunos de estos periódicos, al menos los editados en Madrid. En cualquier caso, gracias a esta colección se puede postular que buena parte del referente del libro de Vallejo está representado en los periódicos de guerra.

2 Sobre la función de la tachadura en la escritura vallejiana adelanté unas observaciones en «De Vallejo a Cortázar: inscripción y tachadura», ya mencionado; y discutí su función como operativo poético en «Vallejo: una poética de la tachadura». Ínsula, Madrid, n.° 777, septiembre, 2011.

No es el único, pero sí es una mediación discursiva de los hechos, su mapa de incertidumbre, y su fuerza agónica. Esta extraordinaria compilación incluye periódicos y boletines de diversos batallones y ramas del ejército republicano, sindicatos de obreros y campesinos, de mujeres, de la juventud y de toda clase de organización regional, cultural, política o profesional comprometida con la suerte de la República. Ello revela el extraordinario fenómeno acontecido durante la Guerra Civil: la ocupación popular del lenguaje público. Porque esta guerra fue muchísimas cosas, pero, desde nuestra perspectiva, fue, sobre todo, una irrupción pocas veces vista en el espacio de la palabra pública. Esta ocupación del lenguaje se demostró, además, vehemente y dramática, como si las palabras se hubiesen hecho absolutamente definitivas y decisivas. Quizá no podía ser de otro modo, porque, en efecto, el lenguaje termina siendo el único instrumento que tenía el pueblo español para controlar su destino histórico. El lenguaje no era solo retórico, partidista o ideológico, sino que resultaba ser la materia misma con que discernir la realidad que se vivía crítica, contradictoria y agónicamente. A través del lenguaje, los sujetos concretos accedían al debate entre opciones que tenían el precio de su libertad y su vida. Es notable, por ejemplo, observar que incluso el último año de la guerra, cuando es obvio que la República está perdida, los periódicos populares siguen hablando de la victoria. Y no solamente anuncian la victoria contra el fascismo, sino que la representan como el inicio de la humanización de la violencia sufrida. Probablemente este es un modo extremo que tiene el lenguaje de sustituir a los hechos, no por mero voluntarismo o convicción del sujeto histórico, sino porque no le quedan, humanamente, sino sus palabras. Un antecedente que evoca este discurso es el de José Martí, cuyo relato de la libertad patria se adelantaba a la realidad, al punto que aquella empezaba ya en el lenguaje. Así, el discurso, además de avanzar un cierto control de los hechos, adquiere una labor suturadora y reparadora; en la fluidez de lo histórico permite afincar en una alternativa común.

Lo extraordinario es que todo el mundo parece escribir en España, incluso los analfabetos. Porque también hay secciones en estos periódicos dedicados a los que están siendo alfabetizados. Como sabemos, la República fue también un gran movimiento de cultura popular. En el frente operaban bibliotecas rodantes, y todas las unidades tenían una división de cultura que producía periódicos, organizaba conferencias, programaba visitas de periodistas extranjeros y promovía una actividad cultural dialogada. Debido a la campaña de alfabetización, los campesinos están peleando por la mañana y aprendiendo a leer por la noche. La escritura se convierte en una dimensión decisiva de la guerra, que es la definición de la cultura como espacio de resoluciones políticas. Recordemos, por lo demás, que es una guerra de trincheras, donde la gente combate entre largas pausas, con cierto horario, incluso con tiempo para la comida y la siesta, de tres a cuatro; después, vuelven a dispararse y pasan días enteros apuntándose unos a otros. Orwell cuenta que cuando él estaba en una misión de reconocimiento de pronto un compañero le disparó; cuando pidió explicaciones, el miliciano le contestó que había disparado porque se aburría. Este es un cuento típico del humor negro de la guerra, hecho verosímil por las hipérboles populares. En esta guerra de trincheras había una figura respetada, el vocero o voceador, que era el representante letrado de cada pequeño batallón atrincherado; y había voceros tanto en el lado republicano como en el lado nacional. Encargado de la propaganda oral, megáfono en mano, el vocero profería insultos contra el enemigo y pregonaba las virtudes de la comida en su campo. Notablemente, se asumía que una oratoria persuasiva podía subyugar al rival. Un voluntario cubano, Pablo de la Torriente Brau, fue famoso vocero del campo republicano, y sus cartas publicadas documentan su fervor. Con los curas o capellanes, que solían ser los voceros del lado nacional, De la Torriente sostuvo duelos de elocuencia pintoresca. Cayó muerto en la defensa de Madrid.

Pues bien, después de leer veinte periódicos comunistas, uno de pronto es despertado por un periódico anarquista. Porque los periódicos anarquistas son de una vivacidad apelativa inmediata.

La presencia hispanoamericana es consignada con frecuencia en estos boletines, panfletos y hojas ocasionales; especialmente, la ayuda de México. Sobre la existencia de esta colección me dieron en la hemeroteca una de esas explicaciones prolijas con que se esmeran los bibliotecarios en todas partes. Parece que había un bibliotecario a quien lo pilló la guerra en el campo nacional, mientras que, a otro bibliotecario, el azar de la guerra le deparó el lado republicano. De inmediato entendieron ellos la gran oportunidad bibliográfica que les había tocado. Pero otra versión asegura que después de que Franco tomó Madrid y empezaron los juicios y fusilamientos, toda persona nombrada en esos periódicos era llamada a los tribunales. El hecho es que, a pesar de la precariedad de estos periódicos, no se podrían tampoco entender sin tener en cuenta el extraordinario afán documental y educativo del aparato cultural republicano. La misión de Cultura Popular incluye, por lo menos, la propaganda en el frente, la organización de bibliotecas en hospitales y cuarteles, la alfabetización y la campaña de actividades culturales, a cargo del subcomisariado de Propaganda. El Partido Comunista parece favorecer la convivencia con los combatientes, de donde «ha de salir el guion a desarrollar en cada sector», pero también se plantea la urgencia de resolver «el problema de la educación militar que comprende desde el aprendizaje del fusil, hasta la relación con los mandos democráticos» (*Combate*, semanario del PC de Aranjuez, n.° 2, 13 de diciembre de 1936). *Armas y Letras* se llama el «Portavoz de las milicias de la cultura» (Valencia, 1937). *El Combatiente*, «Portavoz de la 42 Brigada Mixta», advierte que la escuela es «el hogar del soldado», y que «el libro y el fusil» se suman en su función: «con una defiende la libertad; con el otro defiende la cultura» (año II, n.° 12, 8 de septiembre de 1937). Incluso los anarquistas anuncian la creación de un Instituto de Documentación Social, sección anexa a la Confederación Nacional del Trabajo y a la Federación Anarquista Ibérica (*Boletín del Sindicato de la Industria de la Edificación, Madera y Decoración*, Barcelona, año II, n.° 19, 15 de agosto de

1938). Esa conciencia documental preside la información del *Boletín de Información Cultural* del Ministerio de Instrucción Pública y Sanidad, que lista las becas concedidas: entre 1935 y 1936 son 273 becas en escuelas normales, institutos de segunda enseñanza y universidades; entre 1937 y 1938 son 3.842 becas, aunque ahora se suman a los tres rubros anteriores las escuelas de trabajo, de pintura y de comercio (Barcelona, año 1, n.° 1, 15 de febrero de 1938). Los carteles promueven otro frente del lenguaje: «Las milicias de la cultura luchan contra el fascismo combatiendo la ignorancia», reza uno; «Lee libros anarquistas y serás un hombre», promete otro.

En estos periódicos se puede distinguir tres grandes áreas de intensa producción poética. En primer lugar, todos ellos reproducen poemas de los grandes de la época, los poetas de la República: Antonio Machado, Rafael Alberti, Manuel Altolaguirre, Emilio Prados, Miguel Hernández, comprometidos no solo con la causa republicana, sino con la idea de hacer una literatura popular. Para ello, acuden a la fórmula más tradicional del repertorio popular, que es el romance. La más conocida entre las publicaciones literarias es *El Mono Azul* (nombre del overol de los obreros), que dirigió Rafael Alberti, y fue el órgano oficial de la intelectualidad republicana. En esta poesía, la temática es explícita, tanto por el repertorio heroico de la causa republicana, como por el papel protagónico del pueblo en armas. Algunos héroes populares se multiplican en los poemas, que aparecen en un periódico y se reproducen al día siguiente a todo lo ancho del país.

En segundo término, nos encontramos con los proletarios, que son una clase de poetas que ha desaparecido, lamentablemente; son de extracción popular pero manejan una cultura ecléctica, algo formulaica, si bien no se consideran profesionales de la literatura. Uno de ellos, Alcázar Fernández, debe haber sido de los favoritos pues sus poemas fueron reproducidos ampliamente. Como observó Borges, los poetas populares son muy formales, y lo es también Fernández. Pero estos poetas le dan voz al pulso diario del frente, parecen conocer los hechos de primera mano y elaboran versiones cumplidas de los mismos.

Pero en tercer término están los espontáneos, que son los poetas que reflejan mejor la irrupción popular en el discurso y su ocupación subversiva de la palabra poética. Firman declarando su identidad en la lucha: «el comisario del Octavo Batallón», «el artillero de la Compañía X»... Algunos de ellos están siendo alfabetizados y practican su escritura redactando poemas. No hay mejor emblema de la fe democrática en la cultura que este rudimentario taller literario. Tenía Vallejo un talento cultivado para la hipérbole, y estos poemas debe haberlos sentido muy próximos.

Claro que el ingenio popular era, muchas veces, capaz de documentar la actualidad con la forma estrófica más tradicional. En el periódico *¡Al Frente!* (n.° 28, 13 de enero de 1937) de la Juventud Socialista Unificada, leemos que en Sevilla «desde octubre están adornadas las calles con flores para celebrar la entrada en Madrid de los facciosos»; pero un poeta anónimo se burla, con justa prosodia, de esa pretensión:

El domingo ya pasó;
las flores se estropearon;
las campanas no tocaron,
y Madrid no se tomó.

Por lo demás, Vallejo participaba intensamente en el debate sobre las representaciones de la Guerra Civil en las comunicaciones, ya que toda la gran prensa (a excepción de los diarios comunistas) estaba a favor de Franco o practicaba una neutralidad cómplice. Formaba parte del comité parisino de defensa de la República Española, colaboraba con la propaganda republicana y recogía firmas para comunicados de apoyo a la causa. También sabemos que seguía, no sin urgencia, los despachos que llegaban en cables y se exhibían en boletines a las puertas de las agencias de noticias, antes de ser publicadas. Debe haberse sentido parte de esa desigual batalla por definir la esfera pública. Los periódicos parisinos divulgan atrocidades republicanas, rumores sobre el faccionalismo político y la suerte de la guerra. El hecho es que esta apropiación popular del lenguaje como una materia de la historicidad, capaz de impugnar la falsificación que practicaban los medios, es un verdadero palimpsesto de *España, aparta de mí este cáliz*. El poema que empieza «Solía escribir con su dedo grande en el aire: / ¡Viban los compañeros! Pedro Rojas» es una reapropiación paradigmática que hace Vallejo de la carta encontrada en el bolsillo de un combatiente muerto y divulgada por una temprana memoria de un testigo de la guerra. Vallejo no solo reposiciona la frase, sino que la convierte en grafiti, en escritura pública. La escritura popular es agramatical, nos sugiere, pero su oralidad no solo ocupa el lenguaje formal, sino que demanda una sintaxis capaz de ampliar el uso de la palabra.

Este procesamiento del drama de representar la saga popular en el poema es central a una poética de la catástrofe, a la vez afincada en su contextualidad discursiva. Por eso, se podría reconstruir los tropos comunes a los periódicos de guerra y al canto de Vallejo, pero también diseñar el nuevo mapa que postula de las mismas batallas. Porque este libro está construido como una evolución isotópica de la guerra, a tal punto que hay un momento de la protoescritura, esa inmediatez a los hechos en un metadiscurso fractal, en que la batalla se desarrolla mientras se hace el poema. Vallejo remplaza «una batalla» por «Talavera», en el manuscrito, y tacha «Teruel» e incluye «Irún» en otro poema. En uno más, «Irún» y «Toledo» están tachadas, y en otro nos dice que en Madrid, Bilbao y Santander, «los cementerios fueron bombardeados». Cada batalla son todas las batallas. Por lo demás, los acontecimientos se suceden inciertos, se superponen, y las plazas se ganan hoy y se pierden mañana. Teruel fue tomada por las tropas republicanas a gran costo, y recobrada por las fuerzas nacionales a costo semejante, en el peor invierno registrado («¿Quién va, bajo la nieve?»); al final, se disputaron unas ruinas, las que el discurso discierne y la poesía lamenta («¡Y horrísima es la guerra [...]!»). Esta producción emotiva que pregunta por el sujeto heroico, en combate con la naturaleza misma, y responde confirmando el horror, levanta su himno herido entre los partes de guerra, la contabilidad de la muerte y la piedad compartida. Así, el poema no solamente deconstruye el archivo discursivo de la guerra, sino que hace del mismo un palimpsesto del idioma español, al que pone a prueba al sembrar la duda sobre su sentido. De allí que la tachadura sea, en sí misma, una escritura doble: del mundo en el horizonte del poema, y del poema en la inmediatez del mundo.

Se podría levantar un mapa de estas interacciones en una suerte de diagrama de la intradiscursividad del libro de Vallejo y la saga periodística de la guerra, que son dos instancias del drama de organizar su sentido. Pero lo fundamental no es su correspondencia sino su diferencia: el habla de estas tres categorías de poetas, con la excepción quizá de Miguel Hernández, parte de un lenguaje comunicativo en la normas de la lengua general. Presupone una función representacional del lenguaje y una lógica comunicativa a cuyo servicio está el habla poética. El habla que usa Vallejo, en cambio, está subvertida; trastroca la sintaxis, practica un sistema de sustituciones, convierte al poema civil en himno de trasunto mesiánico. Implica, así, otra política de la función comunicativa, ya que, aunque el libro se publica en una colección pensada para aleccionar a los combatientes, su metalenguaje es un cuestionamiento del mensaje a nombre de una comunicación ético-afectiva, que parte de la subversión del poema. De esta manera, tratándose de una poesía sobre una experiencia tan específica como la Guerra Civil, donde precisamente lo más específico está amenazado y puesto en duda, el poema no puede sino dramatizar su relación referencial con los objetos. Paradójicamente, y esta es una de las grandes tensiones del libro, Vallejo busca representar los nuevos desastres de la guerra con un lenguaje que es básicamente desrepresentacional.

En *Acero*, órgano de la Agrupación Modesto (n.° 1, 12 de marzo de 1937), la columna titulada «Fogonazos» recomienda lo siguiente:

> No cantes ni cante jondo
> ni copla ni Romancero.
> Canta «La Internacional»
> que ya cambiaron los tiempos.

Lo irónico es que esta recomendación política tiene la forma tradicional de la copla. Se podría demostrar que, hasta cierto punto, el lenguaje de los milicianos poetas o de los poetas que cantan la gesta popular es afectado por la naturaleza misma de los hechos, y a veces deben recurrir a las formas consagradas, como ocurre en «Al comandante Pando, muerto en Brunete», que firma Juan Paredes en *Pasaremos*, órgano de la Décimo Primera División (Madrid, año II, n.° 17, 12 de abril de 1937):

> No muere el árbol por el huracán doblado
> ni en tierra su conciencia de árbol pierde.
> Al aire el hueco mudo, descarnado,
> afirma más la densa savia verde,
> su ímpetu derribado
> y su entereza bajo el hacha que le muerde.
> Hay cuerpos que presienten el futuro
> y sobre el día crecen y crecen como hiedra.
> [...]

En el «Himno a los voluntarios de la República», el primer poema del libro de Vallejo, hay un paréntesis donde se anuncia «Todo acto o voz genial viene del pueblo / y va hacia él». Es una declaración que postula el todo representable, pero que hace el camino contrario cuando prosigue: «de frente o transmitidos / por incesantes briznas, por el humo rosado / de amargas contraseñas sin fortuna».

No solo se nos escapa el sentido que articula a las metáforas, sino que entramos en un lenguaje desrepresentacional, donde la afirmación inicial, que funciona como una evidencia sancionadora, aparece diseminada por la prolongación de la figura metafórica. Se puede decir que el poema está hablando de una equivalencia entre el acto heroico popular y el acto artístico, no menos excepcional. Esas dos posibilidades, equivalentes en este momento de la guerra, tienen un solo origen, que es el pueblo. Vienen transmitidas por «incesantes briznas» y «por el humo rosado de amargas contraseñas sin fortuna», pero esta complementariedad, supuestamente calificadora del modo de la acción, opera como una figura de sentido cuyo referente hubiese sido sustituido. «Briznas», «humo», «contraseñas» aluden al acto comunicativo (una de cuyas formas es el poema), pero son imágenes por sustitución; esto es, remplazan a nombres posibles en una declaración oblicua. Sinecdóticamente, trazan una figura rizomática. Podemos deducir que hay una comunicación entre la esfera popular y la artística que no siempre es directa, que puede ser oblicua y hasta problemática. Este «humo rosado» sugiere incluso una cierta agonía de la historia reprocesada por el lenguaje artístico. Hasta aquí llega Vallejo en el planteo de la relación que hay entre el arte y sus fuentes. O sea, los datos de la experiencia inmediata adquieren su sentido histórico-poético, diríamos, en esta nueva instancia de refiguración, que en la cita parentética, justamente, se ilustra como el drama de la traslación (del discurso popular de la guerra, al lenguaje poético radical, digamos); según este proceso, no se trata de un traslado transparente o dócil, sino de uno que rehace al lenguaje con su fuego («humo»), ilustrado por esas «briznas» (de yerba whitmaniana, de una cierta épica popular), y cuyo mensaje, por lo demás, atraviesa códigos («contraseñas») que buscan rehacer la comunicación. La historia pasa con arrebato, y el lenguaje que la asume está a punto de extraviarse; pero no habría otro modo de hablar desde ella sin ese riesgo. Esta poesía herida, que es otro humo de la guerra, no siempre logra su propósito entrañable, urgida por un gran incertidumbre. Pero la poesía no podría ser sino ese incumplimiento, esa dispersión, esos retazos de discurso.

Antonio Machado había reflexionado sobre las continuidades entre el pasado y el porvenir, amenazados por la violencia de la guerra. Y parece consciente de lo que se juega en ello. En una de las entrevistas que le hacen a su paso por la Casa de la Cultura, en Valencia, responde:

> La guerra está en contra de la cultura, pues destruye todos los valores espirituales. En esta trágica guerra civil, provocada por las fuerzas que representan los intereses imposibles, antiespañoles, antipopulares y de cas-

> ta, se ventila el destino del espíritu, su persistencia como valor superior de la vida. Y es el pueblo quien defiende el espíritu y la cultura. El amor que yo he visto en los milicianos comunistas guardando el palacio del ex duque de Alba, solo tiene comparación con el furor de los fascistas destruyendo. El fascismo es la fuerza de la incultura, de la negación del espíritu.

Hace un año de la muerte de Lorca, y Machado parece tener claro que su asesinato no es político sino ideológico:

> Con Lorca se ha perpetrado el crimen más estúpido y condenable. García Lorca vivía al margen de la política, pero dentro de la auténtica alma popular. Esta es su falta que ha pagado con la muerte. La evidente enemistad del fascismo con el espíritu ha determinado el fusilamiento de Lorca.

Un estudiante de Derecho que firma como *Tierno* (probablemente Enrique Tierno Galván) se adelanta a la resolución de la guerra, preocupado por la profusión de «los tópicos», que son «la sombra de la verdad». Y recomienda «Hay que demoler los edificios levantados sobre tópicos»; esto es, una revuelta contra el lenguaje ideológico, cuya matriz discursiva está, en efecto, hecha de valoraciones exacerbadas por la violencia. Y concluye Tierno con una metáfora de la revolución como madre, dramática, de las nuevas ideas posibles:

Estos meses de guerra, con sus virtudes, defectos y peculiaridades, están fecundados en forma que reclaman el auxilio del fórceps de la razón para evitar un posible aborto de consecuencias, que no se pueden predecir, para la revolución, de nuevos criterios sociológicos parturienta.

6.3. La guerra de los libros

Un segundo plano de la contextualización de *España, aparta de mí este cáliz* es el que he llamado «la guerra de los libros». La Guerra Civil reactualiza la antigua polémica entre las dos Españas: la España tradicional y la moderna, la conservadora y la liberal, la religiosa y la secular, la aristocrática y la popular. Este intransigente debate de escisiones ocupa un lugar central en la Guerra Civil, en el campo de las ideas y sus figuras emblemáticas, donde los escritores e intelectuales que están combatiendo los albores del fascismo perciben que su lucha es totalmente decisiva, porque el fascismo es una fuerza antintelectual que va a destruir las bases humanistas de la cultura. Desde el otro lado, la España «roja» no es un peligro menor para la religiosidad y el *statu quo.* Y no me refiero a los eslóganes (que abundan) sino a los modelos de representación del orden político y cultural. A partir de esa convicción, el discurso intelectual, cultural y político empieza a articularse en este gran dilema español de las dos Españas. El lado nacional tiene, desde muy temprano, como discurso justificativo, el pronunciamiento de los obispos de Burgos, que provee a Franco de una especie de instrumento religioso de fundamentación de su lucha. Y pronto, a partir de esas bases, el discurso nacional o franquista va a concebirse a sí mismo como una Cruzada, incluso como una Reconquista. El pensamiento tradicionalista de José Antonio Primo de Rivera («España, bendito sea tu atraso») parece haber influido en la concepción más bien nacionalista que traduce el discurso ideológico antirrepublicano. El *Boletín de Información Cultural* (n.° 1, 15 de febrero de 1938) cuenta que *El Correo de España*, de Bilbao, ha publicado un artículo del exmarqués de Lozoya, en el que se lee «Todas las desgracias de España se derivan del estúpido deseo de los gobiernos de enseñar a leer a los españoles. Enseñar a leer a un hombre es lo mismo que envenenarlo». José María Pemán, en el prólogo a su *Poema de la bestia y el ángel*, de 1938, entiende que:

> Roma y Germanía, los dos componentes integrantes de Europa, tornaban a fundirse en el crisol de España. Sonreían Alfonso *el Sabio* y el emperador don Carlos, soñadores del Sacro Imperio Romano-Germánico. Por dondequiera que se mirase todo estaba lleno de enormes perspectivas y dilatadas trascendencias. Todo estaba listo para cosas enormes. Nos tocaba otra vez sufrir gloriosamente.

Diciendo «Vuestros nombres, con letras de oro, en la primera página de este libro», proclama los de Franco, Calvo Sotelo, José Antonio, Sanjurjo y Mola. Pemán fue presidente de la Comisión de Cultura y Enseñanza, en el campo nacional, y en la circular «Depuración de la Enseñanza» (7 de diciembre de 1936) anuncia la «separación inexorable de sus funciones magistrales» de quienes son «los hijos espirituales de catedráticos y profesores que, a través de instituciones como la llamada Libre de Enseñanza, forjaron generaciones incrédulas y anárquicas». La orden «Depuración de Bibliotecas» (16 de septiembre de 1937) clasificaba los libros a depurarse en «1) Obras pornográficas de carácter vulgar sin ningún mérito literario; 2) Publicaciones destinadas a propaganda revolucionaria o a la difusión de ideas subversivas [...]; 3) libros y folletos con mérito literario o científico que por su contenido ideológico puedan resultar nocivos para lectores ingenuos o no suficientemente preparados para la lectura de los mismos». Instruía la destrucción de los dos primeros grupos, y el secuestro del tercero, que requería autorización especial para ser consultado.[3]

Pues bien, cuando cierto escritor franquista anuncia que «El Cid cabalga a nuestro lado», Antonio Machado se indigna y escribe un breve texto político donde responde que el Cid está del lado del pueblo. Sumando unas notas sobre la guerra, en su discurso de clausura del II Congreso Internacional de Escritores para la Defensa de la Cultura (Madrid, julio de 1937, publicado como «Divagaciones de actualidad» en el semanario *Ayuda*, reproducido por *Juventud* y recogido por *Hora de España*, Valencia, n.° 6, agosto de 1937), Machado advierte:

3 García Nieto, María Carmen y Donézar, Javier María. *La Segunda República [1], 1931-1936*. Madrid: Guadiana, Colección Bases Documentales de la España Contemporánea, 1974.

> No faltará quien piense que las sombras de los yernos del Cid acompañan hoy a los ejércitos facciosos y les aconsejan hazañas tan lamentables como aquella del robledo de Corpes. No afirmaré yo tanto, porque no me gusta denigrar al adversario. Pero creo, con toda el alma, que la sombra de Rodrigo acompaña a nuestros heroicos milicianos y que en el Juicio de Dios que hoy, como entonces, tiene lugar a orillas del Tajo, triunfarán otra vez los mejores. O habrá que faltarle al respeto a la misma divinidad.

Asimismo, el escritor gallego Rafael Dieste reclama al Cid en una conferencia sobre «Fascismo y Cultura Nacional» transmitida por Radio Barcelona desde el Palacio de la Generalitat y publicada en el quinto número de *Nova Galicia*, en 1937:

> Están ahí, también, los que antes habían deificado al Cid a su manera, dotándolo de facha fanfarrona [...]. Es el Cid, con su primaria honradez y su bravura popular, quien está frente a ellos. Son todas las figuras de la mitología nacional, que antes habían subido del corazón del pueblo a la imaginación del poeta, las que ahora demuestran su no extinguida existencia, frente a los sedicentes castizos del «Arriba España». Arriba, le dicen —por decírselo a sí mismos—, ellos que necesitan ponerse de puntas o so-

> bre un pedestal (España, no). Adelante, le decimos nosotros, sabiéndola muy jineta y de siempre enamorada del llano y de los claros horizontes.

Pronto, las figuras literarias españolas van a tomar posición en el conflicto y van a combatir de un lado o del otro. Y hay algunas disputas sobre quién pelea dónde. En el *Boletín F.U.C.* (Federación Universitaria Escolar, Madrid, 15 de julio de 1937) encontré una crónica que lleva como título «Lope de Vega decapitado». Se lee allí que hace unos días, durante otro bombardeo de Madrid, un proyectil que cayó en las puertas de la Biblioteca Nacional decapitó la estatua de Lope de Vega. Y se pregunta, dramáticamente, quién caerá después, «¿Alfonso el Sabio? ¿Nebrija? ¿Quizás Cervantes?», cuyas estatuas acompañan a la de Lope. Y concluye «Todos ellos, desde la firme seguridad de sus estatuas, nos afirman que están con nosotros».[4]

4 La crónica, firmada por Antonio Buero, es muy elocuente. Leemos: «Es una portada simbólica la de nuestra Biblioteca Nacional. Los altos valores de nuestra hispanidad —la nuestra, la que formó la historia de la gloriosa leyenda de cultura y civilización ibéricas [...] (las estatuas de Nebrija, Luis Vives, Lope, Cervantes, San Isidoro, Alfonso el Sabio) son siete valores hispánicos de cara al enemigo». Y prosigue: «Un obús rebelde ha decapitado a Lope de Vega. Quedó su blanco cadáver en pie, y la cabeza, después de rodar por el suelo, permanecía mirando al cielo. Entró por sus ojos el azul de la serenidad, e inundó así con su ejemplo nuestras almas de la seguridad de una causa justa [...]. Lope de Vega, el genio que no cabía en su envoltura de sacerdote del siglo XVII, ha caído ya [...] frente al fascismo [...]». Descontado el énfasis, las dos Españas se disputan aquí el lugar de Lope, y no en vano, pues Lope solo se salvó de modelo nacionalista, como lo había sido el poeta Garcilaso, gracias a su vida licenciosa. La guerra de los libros

Esta guerra de los libros se plantea en el primer poema del libro de Vallejo:

> El mundo exclama: «¡Cosas de españoles!» Y es verdad.
> Consideremos,
> durante una balanza, a quema ropa,
> a Calderón, dormido sobre la cola de un anfibio muerto,
> o a Cervantes, diciendo: «Mi reino es de este mundo, pero
> también del otro»: ¡punta y filo en dos papeles!
> Contemplemos a Goya, de hinojos y rezando ante un espejo,
> a Coll, el paladín en cuyo asalto cartesiano
> tuvo un sudor de nube el paso llano,
> o a Quevedo, ese abuelo instantáneo de los dinamiteros,
> o a Cajal, devorado por su pequeño infinito, o todavía
> a Teresa, mujer, que muere porque no muere
> a Lina Odena, en pugna en más de un punto con Teresa...

Vallejo incluye junto a los héroes de la cultura a algunos héroes populares de la guerra, como Antonio Coll, un combatiente dinamitero, y Lina Odena, joven sastra de Barcelona, secretaria de la Juventud del Partido Comunista, celebrada por su trabajo en la organización sindical y político de las mujeres de Cataluña y Asturias, quien combatió contra la división norafricana de Franco y fue una de las primeras víctimas del conflicto.

Lina Odena y Antonio Coll son objeto de permanente homenaje en los periódicos de guerra como ejemplos del heroísmo popular republicano. Cuando Vallejo lla-

es más intrínseca a la concepción del canon literario español, aquí figurado en las estatuas, que se reinstaura con el dominio franquista.

ma a Quevedo «abuelo instantáneo de los dinamiteros», necesitamos del contexto discursivo de la época para entender que se refiere a los dinamiteros republicanos en la defensa de Madrid. Fueron estos unos milicianos extraordinariamente temerarios que con un cartucho de dinamita se enfrentaban contra los tanques de la división italiana que combatió al lado de Franco. A veces, como fue el caso de Coll, llegaron a volar algunos de estos vehículos bélicos, pero solían sucumbir en su coraje suicida. En los periódicos franquistas, los dinamiteros aparecen como la última expresión de la barbarie republicana, no como combatientes sino como terroristas. Para los periódicos de la República son ejemplo de sacrificio y honra popular, y hasta se los presenta como los primeros defensores modernos de la cultura, inmolados en la lucha contra el fascismo.[5]

5 *¡Al Frente!* (boletín de la Juventud Socialista Unificada de Madrid, n.° 9, 26 de septiembre de 1936) da cuenta de la muerte de Lina Odena (Barcelona, 22-01-1911-Pantano del Cubillas, 14-09-1936) y construye con su biografía el modelo de militancia y sacrificio que busca dar sentido a la tragedia. La nota «Nuestros héroes: Lina Odena» postula la suficiencia de los hechos: perteneció desde muy joven a la Juventud Comunista, organizó políticamente a las obreras de las fábricas textiles y las escuelas de trabajo, fue secretaria general de la Juventud Comunista de Cataluña. Recorre las cuatro provincias de Cataluña y mantiene relaciones estrechas con los jóvenes del Partit Catalá Proletari y de la Unió Socialista. Va a Madrid, reclamada por la dirección de la Juventud, y en la campaña electoral viaja a Asturias. Está con la Pasionaria y Andrés Martín en la cuenca minera. Acompaña a la Pasionaria en su gira política. En Sevilla dialoga con anarquistas y socialistas. Es designada para dirigir el provincial de Almería dentro del Congreso Nacional de Unificación. *Joven Guardia* da la noticia de su muerte y recuerda que ella presidió el II Congreso de la Unión de Juventudes Comunistas (mayo de 1934), cuyo discurso de apertura pronunció. La insurrección la sorprendió en Almería, se incorporó de inmediato a una columna y participó en misiones

Este debate adquirió su forma más elaborada e interesante en José Bergamín, quien pensó, con su peculiar agudeza, la relación de los intelectuales y la tradición

---

aéreas. Los periódicos la dibujan de pie junto a su avión. Murió en los campos de Iznalloz. Según *Mujeres* (n.° 8), su cuerpo fue llevado como trofeo de guerra a Granada. En un acto en su memoria, Margarita Nelken dice: «Sea su cuerpo, arrastrado ahora por las calles de Granada, la bandera que cimiente una sociedad sin clases, una sociedad con justicia». Aparentemente, el chofer que la llevaba tomó un atajo equivocado y el coche se vio frente a un retén de moros. Lina sacó su pistola y, antes de ser capturada, se suicidó. Unos días antes de su muerte le había escrito una carta al director de *Mujeres*: «Querido camarada: Mentiría si te dijera que no tengo el corazón apesadumbrado. Abro el periódico y leo la muerte del teniente De Haro. El hombre bueno y valiente, campesino hijo de campesinos, que estaba enamorado de mí, ha caído al servicio del pueblo [...]». Se entiende que Vallejo la pusiera junto a Teresa en la sintaxis que rehace el orden de los héroes.

Los periódicos son también una cronología de la muerte. En *Fuego*, que sigue la defensa de Madrid, vemos que Antonio Martin, mencionado junto a Lina Odena, era el comandante del Batallón Pasionaria, y había muerto en las batallas de Oropesa a Talavera. En la trinchera de Cerro Blanco, un batallón de marinos es atacado por los tanques italianos de los insurgentes, cuando

> De pronto, un marino saltó de su trinchera. Iba derecho a desafiar a la muerte [...]. Al aproximarse el primer tanque, una explosión debajo de los engranajes paralizó su marcha [...]. Y el hombre se dirigía hacia el segundo tanque. Pegado a la tierra lazó otra bomba de mano [...]. El tanque se revolvió, pero la explosión lo dejó medio tumbado. En los momentos anteriores le había dado tiempo de dominar el terreno donde estaba el marino. Hizo funcionar la ametralladora, y allí mismo lo coció a balazos [...]. Junto con la noticia de su muerte se conoció al otro día el nombre del héroe caído: Antonio Coll.

Lo resume Vallejo: «¿Batallas? ¡No! Pasiones». En 1937, en su *Diálogo con la muerte. Un testamento español* (Madrid: Amaranto, 2004), Arthur Koestler había dicho: «Otras guerras consisten en una sucesión de batallas; esta, en una sucesión de tragedias».

popular de la cultura española. Otro tanto se puede decir, ciertamente, de los escritos de época de María Zambrano. Es notable que los ensayos de Bergamín sean una suerte de versión paralela en prosa del primer poema de Vallejo. Las coincidencias entre ambos amigos requieren ser exploradas. Creo que son incluso mucho más íntimas y creativas que la relación poética o intelectual de Vallejo con Larrea.

Un ensayo de Bergamín, particularmente, se nos aparece en diálogo interior con el poema de Vallejo, tanto por la intradiscursividad de sus figuras y temas, como por el valor adscrito a la cultura como laboriosa creación popular y espacio raigal de pertenencia. Se trata de «Pintar como querer (Goya, todo y nada de España)», y se lee allí:

> El hambre de verdad —su *real gana*—, le lleva al español hasta quererla de tan desnuda, despojada de su propia carne, descarnada, en los huesos. Esos verdaderos despojos vivos son en Goya, como en Quevedo, Gracián o Calderón, *disparate* clarísimo: el del *sueño de la razón* que engendra monstruos verdaderos. Pero también en Goya, como en Santa Teresa, Cervantes, Lope, *la razón de soñar* puebla este mundo de verdaderos monstruos, de amorosos fantasmas.
>
> Parece como si en la pintura de Goya convergiesen estas dos grandes corrientes populares de nuestro pensamiento más vivo. La de los que soñaron su razón (Lope, San-

> ta Teresa, Cervantes), y la de los que razonaron o racionalizaron su sueño (Calderón, Quevedo, Gracián).

Y concluye afirmando que en Goya «Hay, como en los poetas citados, sentido épico de la vida y concepción lírica de la muerte. Expresión popular de España».[6] En

---

6 En *Hora de España* (Valencia, n.° 5, marzo de 1937), Bergamín concluye que «No hay sentimiento trágico de la vida en Goya. Hay, como en los poetas citados, sentido épico de la vida y concepción lírica de la muerte. Expresión popular de España». Esta idea de que la vida y muerte española requieren los protocolos de un género u otro es paralela a la noción vallejiana de que la poesía de la guerra demanda todo el registro formal de la voz: la epístola, el redoble, el cortejo, el himno, la elegía. Antonio Machado, por su parte, pensaba en la creatividad latente en la tragedia: «La España futura, esa tercera España de que nos hablan, o no será nada con el triunfo total de sus adversarios, o se está engendrando en las entrañas sangrientas de la España actual» (Prólogo a *Los españoles en guerra,* de Manuel Azaña, incluido en *Obras completas.* Madrid: Centro de Estudios Políticos y Constitucionales y Taurus, 2008). No menos vallejiana es su visión emblemática de los milicianos: «Hay en los rostros de nuestros milicianos —hombres que van a la guerra por convicción moral, nunca como profesionales de ella— el signo de una profunda y contenida reflexión sobre la muerte. Vistos a la luz de la metafísica heideggeriana es fácil advertir en estos rostros una expresión de angustia, dominada por una decisión suprema, el signo de resignación y triunfo de aquella *libertad para la muerte* (*Freiheit zum Tode*) a que alude el ilustre filósofo de Friburgo» (*Madrid,* cuadernos de la Casa de la Cultura, Valencia, febrero de 1937). A propósito de la elocuencia de Bergamín y, en verdad, de la época, vale la pena recuperar este testimonio de André Chamson de 1937:

> Mientras escribía este libro no ha dejado de obsesionarme una frase. Frase profética que resume el sentido de todo lo que he comprendido y de la cual todo lo que se puede decir sobre España parece solo glosa y explicación. Me lo dijo una noche Bergamín, bajo el bombardeo de

su discurso durante el II Congreso Internacional de Escritores para la Defensa de la Cultura, en julio de 1937, Bergamín coincidía con el programa de Vallejo:

> Volved los ojos hacia la lejanía histórica que nos separa de esas grandes cumbres del pensamiento popular español —Cervantes, Quevedo, Santa Teresa, Calderón, Lope... Veréis cómo esos nombres se os aparecen plenamente arraigados en el pueblo, y, por eso mismo, plenamente solos en él.

Vallejo radicaliza estos raciocinios al actualizar la memoria cultural desde una subversión de la temporalidad. Más que una tradición, le importa la proyección de un tiempo que rehace el presente e incluye al futuro. La memoria cultural se abre en la indeterminación del presente, y se actualiza en el lenguaje de las rearticulaciones posibles. La mayor diferencia está en que Vallejo busca pensar España no desde la excepcionalidad espiritual del pueblo español y su sacrificio, sino desde la razón contemporánea de su redención material y, al final, política, ya que en su obra se trata de la apuesta de futuro que el mundo decide en España.

La fe en el libro, en la documentación, en el lenguaje mismo es también de raíz popular, y una afirmación de futuro. Las evidencias están a la vista. En *Cultura Po-*

Madrid, entre las explosiones de las bombas:

—No temas nada [...]. Lo que oyes no es otra cosa que la mala retórica de la muerte.

pular, boletín de la Central de Valencia (año 1, n.° 1, noviembre de 1937) se lee esta carta: «Estimados camaradas, salud: el motivo de la presente es para decirles que como en este pueblo todavía se están formando las Juventudes Socialistas Unificadas no tenemos ningún libro; así que ya podrán mandar las bibliotecas lo más pronto posible, porque no podemos adelantar nada». Y firma el secretario general, Casemiro For. La secretaria general de Bibliotecas del Ministerio de Instrucción Pública, Teresa Andrés, es homenajeada en el segundo número de *Cultura Popular*. Su padre y uno de sus hermanos han sido fusilados por los nacionales, y sus otros dos hermanos pelean en el frente. Por su parte, *Acero*, órgano del Quinto Cuerpo del Ejército (Madrid, año 1, n.° 1, 7 de noviembre de 1937), da cuenta de la situación: en la Brigada 40, hay, en setiembre, 2.845 combatientes, de los cuales son analfabetos 450; 31 dejaron de serlo ese mismo mes. No ha de extrañar, por lo mismo, que *El Combate* (CNTT, FAI, Segunda Columna, año 1, n.° 6, 25 de septiembre de 1936) concluya «Lope de Vega, Cervantes y Shakespeare escribieron para las masas, para los campesinos y los marineros». El libro mismo, ciertamente, es emblema de la causa republicana, y no solo porque las campañas de alfabetización han consagrado su valor simbólico, sino también por su significación política. En *Alicante Rojo* (n.° 13, 1937), Martínez Montoro, miliciano de la cultura, concluye «El libro se abre paso. Como verdadero antifascista que es, quiere su puesto de honor entre nosotros [...]. Nuestra consigna en el frente debe ser: ni un solo batallón sin su biblioteca». Un cartel, editado por el Sindicato Provincial de Maestros (PETE) anuncia que durante el año 1937, en el frente del centro, los milicianos de la cultura son responsables de 45.106 combatientes alfabetizados, 625.036 clases, 1.330 escuelas en trincheras y cuarteles, 2.786 periódicos murales, 200 emisiones radiales, 178 sesiones de cine-fono, 145 cursillos de capacitación de mandos y delegados, 87 hogares del soldado, 16 internados militares. Pero también de 5.910 «actos, conferencias y charlas al enemigo». Ocho milicianos de la cultura murieron ese año «en cumplimiento del deber».

6.4. Los lenguajes de la guerra

Detengámonos ahora en otro contexto discursivo del libro de Vallejo, no menos decisivo de su trama verbal. El libro se nutre de la vehemencia de esta enunciación y sus enunciados, cuya partitura despliega produciendo una imagen de la guerra en el lenguaje.

En efecto, ya el mismo lenguaje cotidiano busca ser la representación de una crisis, y para Vallejo, por lo tanto, solamente puede tratarse de un lenguaje contrarreferencial, incluso paradójico, cuya función poética quiere hacer más con la subversión referencial de lo que el lenguaje natural hace con sus referentes.

Conviene recordar, en primer lugar, que el lenguaje coloquial de la Guerra Civil Española está animado por un arrebato que hiperboliza todo lo que nombra. Porque el habla no solamente es una plaza pública ocupada por el pueblo, sino que sus funciones referenciales y comunicativas adquieren en estos periódicos de guerra una especie de diapasón colectivo heroico. Pero, en segundo lugar, hay una suerte de ironía involuntaria en esa extraordinaria facultad española para lo literal, que inmediatamente llama la atención de los numerosos visitantes extranjeros que escriben sobre la guerra. En los libros de viajeros, testimonios de guerra y reportajes, estos viajeros ilustrados tienen siempre algo que decir sobre su encuentro con ese lenguaje. Dada su conocida sensibilidad para las paradojas del habla, no es arbitrario pensar que Vallejo fuese impactado por ese uso verbal. Ilya Ehrenburg, en su famoso libro de viaje *No pasarán*, de 1936, que fue publicado en varios idiomas durante la guerra, asegura haber visto en Toledo un cartel que decía «Se prohíbe andar sin portar armas». Es una típica fórmula verbal de la guerra, literal y paradójica. También advierte el saludo de los anarquistas: «Salud y dinamita». Y en Barcelona le llama la atención un despacho anarquista que tiene este letrero: «Organización de la Antidisciplina». Así también el nombre de un local: Bar Tranquilidad.

Vallejo tiene que haber sido especialmente sensible a esos carteles y grafitis, así como a las apelaciones a la pasión y la humanidad como centrales a la causa republicana que se repiten en los periódicos. Por ejemplo, el verso «Calderón, dormido en la cola de un anfibio muerto» es, antes que nada, una declaración literalmente paradójica, y de allí su íntima ironía. Este poder figurativo o transfigurativo del lenguaje es, ciertamente, una licencia metafórica (por ejemplo, «llueve agua de revólveres lavados») en un discurso analógico de equivalencias, antítesis y variaciones («Baña a nuestra ciudad un infernal aguacero de metralla» es la sentencia más referencial y cotidiana). Y, en ese sentido, corresponde a la exploración vallejiana de un lenguaje capaz de elaborar la historicidad trágica del sujeto sublevado, pero no deja de estar afincado en la particularidad del uso, que reapropia como un drama de la misma escritura («¡Viban los compañeros!», reescribe Pedro Rojas), como cita oral y peculiaridad expresiva («El mundo exclama: "¡Cosas de españoles!"»).[7] El poeta asume el rol de destinatario de la carta del combatiente muerto y en su epístola de respuesta a Pedro Rojas se evidencia este proceso de cristalización de la historia cotidiana en el lenguaje tanto oral como documental, episódico y definitivo. El poema se originó, como hemos anotado, en la carta de un joven republicano brutalmente asesinado. Esa carta está citada en el libro testimonial de Antonio Ruiz Vilaplana, *Doy fe... Un año de actuación en la España nacionalista*, cuya primera edición, de 1937, debe haber visto Vallejo. El autor, secretario del Juzgado de Burgos, en sus labores forenses recoge el cadáver de «un pobre campesino de Sasamón», en uno de cuyos bolsillos encontró un papel escrito a lápiz, que decía: «Abisa a todos los compañeros y machar pronto, / nos dan de palos brutalmente y nos matan / como lo ben perdío no quieren sino la barbaridá».

La oralidad apropiada por el poema sugiere también que la gramática popular recupera el cuerpo vivo, cuyo presente discurre en la voz.

7 Ilya Ehrenburg llama «locura magnífica» al orgullo y candor que ve en la lucha del pueblo español. En su *Memoirs, 1921-1941* concluye: «Este es el fin —cualquier día de estos Barcelona caerá. Para los estrategas, los políticos, los historiadores, todo será claro: teníamos que perder la guerra. Pero quizá la hemos ganado».

En su vívido relato testimonial *Contraataque*, de 1937, Ramón Sender plantea la vecindad de la vida y la muerte en la batalla, y lo hace desde el lenguaje narrativo; esto es, desde la mirada y su representación:

> Al mirar las caras de mis compañeros vi que dos de ellos, aunque seguían de pie y avanzaban, estaban muertos. Hay muchos hombres muertos en la guerra que siguen de pie, avanzando, retrocediendo, disparando. El rostro ha ido perdiendo su expresión. La mirada se hace vaga. Lo primero que muere es eso: los ojos [...]. Compañeros milicianos de las libertades del pueblo: ¿cuántas veces hemos muerto? ¿Cuántas veces hemos resucitado?

6.5. El archivo cristiano

Habiendo, sumariamente, considerado la intradiscursividad vallejiana con la poesía de guerra, con la guerra de los libros y con el lenguaje en guerra, conviene ahora asumir el cuarto plano, más complejo, de estas contextualidades del libro: su matriz católica.

Vallejo era miembro del Partido Comunista Español desde 1931 y se consideraba a sí mismo un marxista cabal, aunque en verdad lo fue de modo muy peculiar. Si bien su opción política es el producto de un largo proceso de elaboración crítica, cuya dimensión materialista es posible detectar en su poesía europea como un análisis de la desintegración moderna de lo empírico, también es cierto que su marxismo, que no se puede poner en duda, estaba entrecruzado sin conflicto con su formación peruana, de estirpe hispánica tradicional, de valores y jerarquizaciones casi rurales, de intensa hibridez cultural. Es cierto que ha sido abusivo ver en la poesía de Vallejo una radiografía ideoafetiva de su biografía, descontando a veces el yo del poeta del yo exploratorio que, en el poema, no se confunden necesariamente. En el caso de *España, aparta de mí este cáliz*, toda la obra del poeta, y seguramente su vida intelectual y política, viene a dar cuenta del lenguaje poético con que ha combatido, desde su primer libro, contra la lengua española y su larga tradición autoritaria y, en el Perú, clasista. Vallejo había buscado contradecir, desdecir esa lengua estratificada e ideologizada escribiendo desde los bordes y desbordes del poema, desde el coloquio emotivo y afincado. En *Trilce* ha buscado incluso tachar la lógica discursiva, rehusando las funciones comunicativas del habla y postulando un desentrañamiento del español desde América. Ese largo debate viene ahora a resolverse poéticamente en este libro español, como si la guerra, irónicamente, posibilitara que, por fin, el poeta ocupase por dentro el español para hacerlo hablar otro idioma. Ese idioma es material y revolucionario, radical y mesiánico, pero es también evangélico y de estirpe cristiana popular, cuya impronta histórica es latinoamericana. Lo menos que se puede decir sobre su religiosidad es que se trata de una agonía del lenguaje mismo: Dios está dejando el lenguaje en esta poesía, aun si se asoma en la vida y la muerte del poeta (en una carta a su hermano le pide encargar una misa por su salud; y a su mujer, en el lecho de muerte, le dicta una declaración de fe que cuenta con Dios de testigo).

Así, el poeta va más allá de los códigos y las normas establecidos y trabaja sobre el lenguaje ya no como suyo, sino como una materia nueva y arcaica, urgida de un orden interno, capaz de plasmar la fuerza de la significación puesta en juego desde una subjetividad tramada por la epopeya y su envés, la tragedia. Sus contextos discursivos le permiten hacerse camino y saberse libre, pues este lenguaje no tiene que responder ante ningún tribunal de la ortodoxia ideológica, religiosa o de cualquier otra clase. Es, justamente, un relato que se levanta sobre la pérdida de los relatos.

Una de las revistas parisinas más importantes de la década de 1930 fue *Esprit*, que dirigió Emmanuel Mounier. Era un foro de sensibilidad internacional que agrupaba a lo que se podría llamar «la intelectualidad católica francesa de izquierda». Fue una de las muy pocas publicaciones independientes que asumió la defensa de la República Española con vigor y a nombre no de las ideologías sino de la moral y los principios intelectuales. Esa fraternidad podría haber impresionado a Vallejo, cuyo discurso sobre la guerra (en prosa como en poesía) está íntimamente animado por convicciones de este orden; después de todo, se trata de una guerra fratricida, pero también de la penúltima hora europea, cuando la amenaza del fascismo se cierne inexorable. Reveladoramente, es con el grupo de izquierda heterodoxa (socialista, liberal, católico, esencialista) que publica la revista *Hora de España*, con el que mejor coincide Vallejo en este momento. No solamente con sus ideas sobre la cultura popular, el papel del intelectual, las funciones de una nueva escritura y la responsabilidad moral del escritor, sino también en la práctica de la escritura misma. Porque estos escritores, sobre todo José Bergamín y María Zambrano, ante la disrupción de la guerra, elaboran una prosa de persuasión poética capaz de pensarla en su íntima violencia pero en una proyección cultural y popular redentora.

Revisando el depósito de periódicos de la Biblioteca Nacional de París, sorprende comprobar que la gran mayoría de la prensa internacional estaba en contra de la República, evidentemente por su vinculación con la Rusia comunista, y por el supuesto peligro que su victoria significaría. Pero el peligro estaba, como no pocos lo anunciaron, en otra parte. El papel histórico de Francia frente a España en guerra fue, por lo menos, miserable. No solo por su proclamada «neutralidad» oficial, sino por los campos para refugiados (precariamente construidos frente al mar), donde encerró a los anarquistas y sus familias («el peligro rojo») que huían de Franco. Irónicamente, algunos anarquistas capturados en Francia por los nazis fueron despachados hacia África y, al ser liberados, volvieron con los ejércitos aliados a combatir contra Hitler. Y, en la división de tanques, fueron los primeros en entrar a la París liberada. La revista *Esprit* hacía, pues, una defensa casi solitaria de la República, fuera del campo comunista, y esa adhesión moral se agudizó dramáticamente cuando Paul Claudel, en una de sus famosas revelaciones, anunció que Franco era poco menos que un enviado de Dios, que representaba el papel de cruzado y los católicos debían de defenderlo. Su proclama «A los mártires españoles», de 1937, fue traducida y publicada por la Secretaría de Ediciones de la Falange, en Sevilla. Los católicos liberales de inmediato respondieron, no sin indignación, especialmente François Mauriac y Georges Bernanos, que son las grandes figuras literarias de *Esprit*. No hay ninguna prueba documental de que Vallejo participara de este clima intelectual, pero por crítica interna, que atañe a los vínculos entre su poética y estos debates, creo que se puede adelantar que el pensamiento de *Esprit*, como el de *Hora de España*, es familiar, en más de un sentido, a *España, aparta de mí este cáliz*. Los posicionamientos católicos incluyen también el «humanismo cristiano» de Jacques Maritain, quien preside el Comité por la Paz Civil y Religiosa en España y demanda de la Iglesia apoyo a las reformas sociales y la democracia política. Maritain no es menos sensible al discurso manipulativo, y critica la afirmación del reverendo Ignacio G. Menéndez Raigada de que «La guerra nacional española es guerra santa, y la más santa que registre la historia». Acota que «en España toda guerra es santa», y concluye que las guerras pueden ser justas pero no santas, aunque reparte por igual el bien y el mal entre ambos campos en batalla. La situación de España dividida en dos partes irreconciliables alarmó, ciertamente, a Unamuno, cuyas condenas hacia ambos lados son bien conocidas. Es interesante, por lo demás, que en una entrevista de 1937 con Jean Tharaud afirme que la definición de «civilización occidental cristiana» es suya, aunque Franco la repitiera en sus discursos y hubiera terminado en *leit motiv* del movimiento. Unamuno acaba de ser destituido de la rectoría de la Universidad de Salamanca, y su desasosiego le hace condenar a los españoles a la violencia. A los planes de reforma social de los republicanos opone, como trágico ejemplo, el caso del presidente chileno Balmaceda, que, acosado por los grandes propietarios, terminó suicidándose. Vallejo, de hecho, no se resigna a una visión irracionalista («¡Cosas de españoles!») y, desde el mismo desaliento, construye un proyecto redentor.

En su discurso en el II Congreso Internacional de Escritores para la Defensa de la Cultura, en Valencia, Vallejo debe haber sorprendido a la concurrencia, en buena parte comunista, cuando al final dijo lo siguiente:

> Jesús decía: «Mi reino no es de este mundo». Creo que ha llegado un momento en que la conciencia del escritor revolucionario puede concretarse en una fórmula que remplace a esta fórmula, diciendo: «Mi reino es de este mundo, pero también del otro».

Esta frase enigmática formaría parte de su «Himno a los voluntarios de la República», y es posible que ya estuviese en ese primer poema de lo que sería pronto *España, aparta de mí este cáliz*. Es una declaración que no puede menos que haber escandalizado a la concurrencia ortodoxa. Hoy no parecería tan extraña en boca de un practicante de la Teología de la Liberación. Incluso José María Arguedas podría haber dicho algo semejante, dada su vinculación con esa teología de contenido político revolucionario, gestada en el Perú por el padre Gustavo Gutiérrez, seguramente el intelectual más importante de la segunda mitad del siglo XX peruano. Pero esta afirmación de que el intelectual no se puede constreñir solo al «reino de este mundo» y puede muy bien reclamar su libertad de creer en otro, no solo revela la entraña cristiana del pensamiento vallejiano sino una opción radical que excede a la política.

En la estrofa que correspondería a «la guerra de los libros», en efecto, Vallejo se permitió esta declaración:

«[Consideremos] / a Cervantes, diciendo: "Mi reino es de este mundo, pero / también del otro": ¡punta y filo en dos papeles!».

Un lápiz que tiene punta y tiene filo es casi un arma para un escribir doble y desdoblado; y esta intensificación por la repetición, porque siendo una es también dos, había sido ya explorada por el poeta en textos claves de *Poemas humanos* (como «El libro de la naturaleza»); y reaparece en *España, aparta de mí este cáliz* desde la necesidad de incorporar más, de incluir al otro y lo otro, de multiplicar la voz y el tiempo. Pues bien, Cervantes no habría dicho nunca algo semejante, hasta donde he podido verificar, de modo que la atribución es una interpretación que de Cervantes hace el poeta, como el escritor epónimo de ambos papeles, de ese mundo doble cuya suma reclama para el poema. Ser cristiano y ser marxista, sin embargo, no quiere decir necesariamente ser un «marxista cristiano», sino explorar el margen alterno de la escritura híbrida, cuya vehemencia y cuyo radicalismo son una libertad de lo nuevo y una práctica de diferencias. Lo de Vallejo es un partir («¡Alejarse! ¡Quedarse! ¡Volver! ¡Partir! Toda la mecánica social cabe en esas palabras») que es también un partir por la mitad y repartir.[8]

Desde esta perspectiva, lo que hemos dado en llamar «la proyección evangélica» (dada su derivación mesiánica, por ejemplo, en la lectura de Juan Larrea) o «la

8 Jean Franco observó que *España, aparta de mí este cáliz* «combines the messianic spirit of the Old Testament with the message of the New Testament that humanity can be saved form death». Roberto Paoli estudió los orígenes bíblicos del poema de Vallejo, especialmente el libro profético de Isaías.

resolución utópica» (dada su representación heroica popular, en la lectura marxista) de la representación de la muerte como otra escena de la vida, no pueden ser solamente concebidas como el horizonte de las convicciones de la fe. Son, también, una virtud mayor del archivo (matriz verbal) religioso: el lenguaje sacramental; esto es, el lenguaje que convierte en acto su enunciación. Milagro (ver más) y transustanciación (epifanía) son virtudes del lenguaje mismo, pero no de su carácter divino sino de su fe humana, esa extrema reconversión. El cuerpo incorrupto del héroe muerto que se transforma en un libro, como el muerto que se levanta y anda al reclamo de todos los hombres, son héroes del discurso: la palabra los enuncia vivos, y están vivos en el lenguaje.

6.6. La agonía política

Un último contexto íntimo del libro tiene que ver con la complejidad de su dimensión política.

El campo de las izquierdas en la Guerra Civil estaba, como sabemos, faccionado. Lo estuvo desde el comienzo, pero, antes del derrumbe final, el control del Partido Comunista, que apoyaba la idea del Frente Popular, terminó imponiendo la proscripción de los trotskistas, la expulsión de los anarquistas y la irrelevancia de los socialistas liberales. Hay una vasta bibliografía, variopinta y de toda persuasión, incluso trágica, sobre el tema, que es una asignatura característica de la historia intelectual de los escritores de la década de 1930. Vallejo era un militante del Partido Comunista Español y había publicado dos balances informativos sobre sus viajes hacia Rusia, con optimismo pero también con espíritu crítico. Se interesó más por las nuevas técnicas teatral y cinematográfica de la representación que en los deberes de los intelectuales con el Estado. Todo indica que agonizaba en los acres debates en el campo de las izquierdas, y aunque sus convicciones revolucionaras se habían afirmado con la causa republicana, sus opciones partidarias se hacían más laboriosas. Debe haber empezado a distanciarse de las ortodoxias ideológicas de la hora tanto como de las estrategias de alianzas partidarias, y tiene que haberle horrorizado la violencia del faccionalismo y las persecuciones al interior del campo republicano.

Por lo menos en tres ocasiones (en unas declaraciones de Raúl González Tuñón, poeta argentino que estuvo en la guerra; en una memoria del peruano Armando Bazán; y en una carta de Juan Larrea) se afirma que Vallejo estaba cerca del pensamiento trotskista. Bazán, que era muy amigo suyo, lo dice tratando de disminuir la acusación porque el término *trotskista* es extraordinariamente descalificador en este momento. Calificar a alguien de trotskista era descartarlo como sujeto de poco fiar y problemático, capaz de sectarismo y, al final, manipulable por las fuerzas de la reacción. Es un término que se usaba un poco licenciosamente, porque a mucha gente que no cabía dentro de ciertas ortodoxias se la tildaba de trotskista. Pero que dos amigos de Vallejo y, más tarde, su propia viuda, afirmaran que el poeta simpatizaba con el trotskismo, evidencia sus desacuerdos con el partido.[9]

9 Este complejísimo tema, que hace parcial cualquier interpretación que pretenda ser definitiva, ha sido tratado con amplitud y detalle por Lambie, George. *El pensamiento político de César Vallejo y la Guerra Civil Española.* Lima: Milla Batres, 1993. Esta lectura hace más verosímil la derivación trotskista del poeta. Aunque su testimonio es distraído y desprovisto de fuentes, Armando Bazán, en *César Vallejo: dolor y poesía.* Lima y Buenos Aires: Mundo América, 1958, afirma de Vallejo que, en París, en 1933, «Su nueva concepción del mundo tiene muchos puntos de contacto con los de la "revolución permanente" de Trotski. Tal es la estructura y el fondo filosófico de *Moscú*

Larrea es quien lo plantea más dramáticamente:[10]

> El drama subjetivo de César fue tremendo. Ahí están sus poemas terribles. Tanto más cuanto que, a la vez, fue un drama objetivo. ¿O no se le tildaba abiertamente de trotskista en 1937 hasta obligarnos, por lo menos a mí, a salir en su defensa constantemente? ¿No fue puesto al margen, como tú bien sabes, parecidamente a como ahora he sido yo insultado [...]?

Cuando la visité en Madrid, María Zambrano me contó que, al final de la guerra, Antonio Machado fue llevado por la República a una casa en Barcelona, donde pasó unos días, abatido, poco antes de su muerte. Una mañana recibió la visita de Emilio Prados, gran poeta y buen amigo, y cuando se despidieron en la puerta, de pronto cantó un pajarillo. Se quedaron un momento en silencio y Machado le dijo «No se lo cuente usted a nadie, nos acusarán de trotskistas». María no tomaba muy en serio la acusación contra Vallejo, a quien recordaba muy bien

contra Moscú, título que fue cambiado por el de *Entre dos orillas corre el río*». Menos preciso aun es el testimonio de Raúl González Tuñón en *La literatura resplandeciente.* Buenos Aires: Boedo-Silbalba, 1976: «En un momento dado y no recuerdo bien por qué, se suscitó la cuestión. Vallejo hizo una ardiente defensa de Trotsky», aunque recuerda mejor la defensa que hizo del mismísimo Stalin y su gusto literario. González Tuñón debe haber sido impermeable a los matices, porque las dudas de Vallejo le parecen una carencia. Dice: «La duda, esa falta de fe en la lucha que se desprendía de su alegato trotskizante, lo perturbaba».

10 En carta a Gonzalo More del 6 de agosto de 1958, citada por Ernesto More en *Vallejo, en la encrucijada del drama peruano.* Lima: Bendezú, 1968.

de las jornadas de Valencia. En una comida de escritores en la que todos hablaban en voz alta, ella sintió en un extremo de la mesa un silencio profundo: era Vallejo, callado. Ese silencio y su hermosa cabeza, de frente amplia y serena, le llamó la atención. Observó que el poeta tenía la piel pegada al hueso, y un brío grave.

En todo caso, esta acusación de trotskista podría explicar el hecho extraordinario de que Vallejo no aparezca mencionado en los periódicos y revistas de guerra. Aparecen casi todos los escritores y poetas hispanoamericanos que visitan el frente o adhieren a la causa. Vallejo solo asoma en una breve entrevista en *El Mono Azul*, con un poema, y una foto entre otros intelectuales que han llegado al congreso de Valencia; pero la leyenda de la foto lo llama *Carmen Vallejo*. Solo hay dos notas cuando muere en 1938. Da la noticia *Hora de España*, en el famoso último número que quedó sepultado en una imprenta y nunca llegó a circular, y *El Mono Azul* reproduce unos poemas suyos. Esta ausencia literaria de Vallejo en la prensa de la época debe tener más de una explicación. La primera es evidente: no era un poeta popular a la altura de las demandas. La prensa valenciana da cuenta de su discurso en el congreso, sin comentarlo. Por lo demás, las visitas de los intelectuales antifascistas culminaban con un encuentro organizado con sus connacionales en el frente de Madrid, que los recibían con alborozo. Cuando llega Nicolás Guillén a visitar a los cubanos, estos le preparan como homenaje un partido de fútbol. No he encontrado ninguna noticia en los periódicos de guerra, en cambio, sobre la visita de Vallejo. Armando Bazán anota en su testimonio que Vallejo, en su viaje madrileño, «encuentra a su viejo amigo Julio Gálvez, a quien ve por última vez, y a otros peruanos [...] obreros, médicos, estudiantes. Habla con ellos en sus cuarteles, en sus trincheras». Gálvez sería fusilado por la represión franquista en 1940.

Vuelve Vallejo a París el 17 de julio. Lo esperaba la revelación de lo que el arte podía hacer con la Guerra Civil: en el pabellón español de la Exposición Internacional se exhibía, desde hacía un mes, el *Guernica*, de Picasso. En «Batallas», a propósito de «la gran batalla de Guernica», tachó Vallejo estos versos: «¡Lid de Guernica en honor / del toro y su animal pálido, el hombre!», que tal vez glosaban el cuadro. Debe haber visto prefigurado el poema que había empezado a componer sobre su propia visión de la guerra. También el gran cuadro de Picasso tiene a la prensa como su espacio de lectura: se origina en el escándalo de la matanza, grafica los cuerpos de las víctimas acrecentados por el evento de su denuncia, y representa el campo de la mirada como el lugar de la revelación perpetuada. El ojo despupilado que preside la escena es, a la vez, lámpara de luz y testigo de cargo. Y todo ocurre por primera vez y para siempre. El evento ocupa la historia de la mirada, desborda el presente y convoca su futuro, hecho también actual. La acción de ver excede el campo de la mirada; lo visto rebasa la representación, desborda la conciencia. Al comprobar las etapas del *Guernica* encontramos que la genealogía de la obra es una construcción de la mirada. Si los ojos han sido el centro distintivo que genera y sostiene una historia de la mirada como presencia en la obra picassiana, en estos bocetos y versiones advertimos que Picasso ha encontrado en su *Guernica* la suma política (la vulnerabilidad del cuerpo y la polis) en que cristaliza esa búsqueda. Se puede, por eso, demostrar que el *Guernica* viene de su propia obra como de los hechos de la guerra. Ocurre otro tanto con *España, aparta de mí este cáliz.* Tampoco es casual que Picasso y Vallejo hayan dejado en sus obras el sello de la actualidad: el bombardeo de Guernica fue disputado por la prensa y la urgencia de su representación era también un testimonio que intervenía en la dimensión de los hechos. Los periódicos derechistas franceses defienden la versión del franquismo: han sido los rojos quienes han incendiado Guernica para inculpar a los nacionales. Solo se impusieron los hechos un mes después del bombardeo, cuando *Le Petit Journal* (12 de mayo de 1937) reproduce el reportaje de Noel Manks publicado en el *Daily Express.*[11] El 17 de mayo, el alcalde de Guernica, De Labauria, se sintió obligado a escribir una carta testimonial sobre la matanza de la que fue testigo (*Nova Galiza*, n.° 2, 1937). Lo corroboró después el mismo Hermann Goering, jefe de la Luftwaffe: «Nosotros utilizamos la villa como terreno de ensayo».

En *Esprit* nos encontramos con otro enigma vallejiano. Estos son los años en que la revista presenta al revolucionario y escritor ruso de la primera hornada Víctor Serge como a un héroe intelectual, y asume su rebeldía política. Serge fue el único del grupo de intelectuales próximo a Stalin que escapó con vida. Representó, para muchos,

11 Así lo señala Pike, David W. *Les français et la guerre d'Espagne.* París: Presses Universitaires de France, 1975.

el modelo del radical purista, que no creía en la política sino en la revolución, y fue reconocido, a pesar de la permanente polémica que lo rodeó, como el máximo trotskista en Europa. Salvó la vida gracias a que Romain Rolland acudió a Moscú y logró sacarlo hacia Francia. Se convirtió enseguida en el héroe de la parte de la izquierda internacional que no pudo seguir justificando a Stalin cuando se hizo evidente la existencia del «universo concentracionario» soviético, aunque Serge había ya cuestionado la represión temprana de la vanguardia bolchevique. Serge presidió un gran comité internacional de intelectuales en París para denunciar los crímenes de Stalin; y en *Esprit* (n.° 47-48, 1 de septiembre de 1936) denuncia la persecución de trotskistas como demostración del poder personal de Stalin. Un año después reclama para España la revolución. Ya el año 1935, en el I Congreso de Escritores, que tuvo lugar en París, el caso Serge aparece dividiendo a trotskistas y comunistas. André Malraux, que presidía ese coloquio de verano, sentenció que cualquiera que mencionara a Víctor Serge sería expulsado inmediatamente de la sala. Sus convicciones democráticas dentro de la práctica revolucionaria, que ha documentado Richard Greeman, poseían un ardimiento moral que excedieron al mismo Trotski.

Hay algunas íntimas coincidencias entre el pensamiento político de Vallejo, tal como se puede deducir de sus crónicas y de su visión de España, y los juicios de Serge sobre la condición revolucionaria. Porque no se trata solo de una «revolución permanente», como dicen los trotskistas, sino de una revolución que no pasa por las necesidades autoritarias, porque es tan radical que cambia las costumbres, el lenguaje, la política e incluso las relaciones humanas. Asume, por eso, que la realidad verdadera es aquella que está por hacerse. Este radicalismo de Serge, creo yo, es pariente espiritual de esta soledad de Vallejo, y es probable que por eso haya sido percibido como trotskista. Y aunque no se puede afirmar que lo fuese (y es improbable determinar en qué periodos, como pretende la mirada autoritaria de algunos testigos), son estas percepciones las que gobiernan si no las razones, sí las sanciones; y todo esto no hace sino más radicalmente solitario su canto colectivo por un nuevo mundo irrepresentable en sus propios términos.

Para concluir, quisiera proponer que en este libro convergen dos grandes tradiciones discursivas de Occidente. Por un lado, el discurso de los orígenes, que es fundacional, y supone que hay un proyecto utopista, que esta vez no está por hacerse sino que ya está aquí gracias a los milicianos de la República. En el poema hay una persuasión evangélica, que se enuncia directamente: «los cojos andarán», «volverán a nacer los que murieron» y «solo la muerte morirá». Pero, por otro lado, en el poema, y a veces en el mismo verso, emerge la otra gran tradición discursiva nuestra, que es la visión apocalíptica. Porque, en efecto, se está destruyendo la esperanza de una República humanitaria, liberadora, espiritual, en manos del fascismo, cuyo triunfo europeo equivaldría, literalmente, a un fin del mundo. Estos dos discursos no se resuelven sino que se alternan como la tensión vertebradora del libro, y terminan levantando lo que se puede llamar «una utopía trágica», lo que es una paradoja. En ese espacio utópico y desgarrado (una épica fantasmática) se daría el único modo de reprocesar la historia. La historia sería una fuerza inevitablemente de destrucción, pero frente a esa fatalidad de lo moderno y de la historicidad, el arte deberá oponer la posibilidad de una reformalización radical de la experiencia humana, que es dialógica, hecha desde el lugar del otro; y por eso, desde la orilla americana, se adelanta un presente resolutivo que ocurre en el futuro. El poema es el primer documento de esa futuridad española y latinoamericana, que este libro postula desde el emblema internacional de la figura popular redentora. Para que la historia no sea trágica, habría que rehacer la condición histórica, cuya dinámica es política. Este radicalismo dramático de Vallejo es la última gran lección moderna de su libro. Por eso es que el poema termina devolviendo el lenguaje a los niños.

> Si cae —digo, es un decir— si cae España,
> de la tierra para abajo
> niños, ¡cómo vais a cesar de crecer!
> ¡cómo va a castigar el año al mes!
> ¡cómo van a quedarse en diez los dientes,
> en palote el diptongo, la medalla en llanto!
> ¡Cómo va el corderillo a continuar
> atado por la pata al gran tintero!
> ¡Cómo vais a bajar las gradas del alfabeto
> hasta la letra en que nació la pena!

Si cae España, los niños van a perder el lenguaje, es decir, van a perder el control de su destino histórico. Volvemos, así, a la primera página del alfabeto en un periódico popular de la guerra: la grafía del analfabeto que anuncia un próximo lector y otro mundo.

Devolviendo el lenguaje a los niños, Vallejo hace suya la plena actualidad. Recordemos que mueren tantos niños en los bombardeos que ya el año 1936 decide la República, en un acto de optimismo extraordinario, enviar niños como refugiados a Inglaterra, Rusia y México. El barco de niños de la guerra que se dirige a México, según afirma la leyenda, llevaba unos especialmente rebeldes, que en alta mar tomaron el control de la nave. Lázaro Cárdenas estaba construyéndoles una escuela, pero cuando se supo del motín, rápidamente la escuela debió convertirse en reformatorio. Imagino que esta es una de las muchas historias orales del humor del exilio. El hecho es que los niños de Inglaterra volvieron todos a casa; los niños de México se quedaron en su mayoría; los de Rusia no pudieron volver y varios murieron en la lucha contra Hitler. Romain Rolland llamó «tesoros del mundo» a los niños y las mujeres de España (*Juventud*, 24 de noviembre de 1936). Pero, en este contexto de vehemencia histórica, al devolver el lenguaje a los niños, Vallejo actúa dentro de la lógica poética del libro, que conceptualiza la discordia del presente con un nuevo lenguaje y adelanta la posibilidad de hablar de nuevo, de recuperar el habla capaz de disputar políticamente la dimensión mundial de estas batallas de humanidad perdidas. El libro debe volver cíclicamente a empezar con estos niños de España, que son del mundo. Así, el lenguaje es albergado en el futuro, allí donde esta extraordinaria zozobra de la guerra impensable pueda tener sentido. La historia, al final, se resuelve como nueva poética.

Por último, recordemos que, tratándose de matar al enemigo, de lo que se trata es de matar a la muerte, y poder llegar, así, al verdadero final evangélico: «Solo la muerte morirá». Y, en efecto, la muerte muere en el discurso poético. El cadáver pertenece al nuevo orden afectivo de la representación: nos mira «triste, emocionado» antes de echarse a andar en nuestra lectura. Trabajo radical del poema es trascender lo histórico en este espacio mítico (y místico, dado su arrebato hímnico), siempre haciéndose y por hacerse. Como se ilustra bien en el «Pequeño responso a un héroe de la República», donde la muerte no termina en un cadáver, termina en un libro. Es la imagen más audaz de *España, aparta de mí este cáliz*: «un libro / Retoñó del cadáver ex abrupto». La muerte, que ya no pertenece al discurso, escribe aquí un libro. Porque lo único que la trasciende es esta escritura que resuelve la tragedia de la guerra. Este poema, se diría, devuelve la vida a la muerte. El libro es un cuerpo incorrupto. Y esa es quizá la metáfora más poderosa del pensamiento poético del libro. La poesía es lo que queda de la muerte: es el discurso que la sobrevive.

Una alegoría apocalíptica de la Modernidad sacrificada se proyecta en este libro como la futuridad que la poesía redime: la utopía radical de una humanidad salvada del tiempo y, sobre la muerte, vuelta a fundar.

7

NOTAS PARA UNA BIOGRAFÍA DE LA LECTURA

7.1. Sobre una traducción

Me ha tocado colaborar con dos traductores de la poesía de Vallejo, el poeta y crítico brasileño Haroldo de Campos y el poeta norteamericano Clayton Eshleman. Ambos de lenguaje metapoético, y fervorosos practicantes de la traducción como una forma dialógica distintiva capaz de recrear un poema ajeno en la lengua propia. Tratándose de traducir *Trilce*, la noción de lengua de nacimiento se torna problemática: estos poemas de Vallejo, en contacto con otros idiomas, han probado su capacidad de demostrar que toda lengua es ajena, o mejor dicho, aprendida. No se deben, como los poemas de Rubén Darío, al «genio de la lengua», sino más bien a su materialidad significante, a su forma, dicción, escritura y coloquio; es decir, a la duración y el grafismo, que la lengua natural hace funcional y que el poema pone en tensión, crisis y exploración. Es cierto que lo que se pierde en la traducción es la poesía, y también es cierto que todas las palabras del poema están en el diccionario, salvo la poesía misma. En Vallejo advertimos que, desde la función representacional del lenguaje, partiendo del consenso de su referencialidad, el poema desencadena una subversión de lo literal para explorar la materialidad, emotiva y cognitiva del mundo en el lenguaje, no porque crea que el lenguaje es una pérdida de la sustancia, sino porque la crítica del lenguaje que le ha tocado vivir (entre la primera posguerra, la crisis del sistema económico y la Guerra Civil Española) le impone la urgencia de rehacer el coloquio para situar al lenguaje como una forma de conocimiento de la crisis: si las palabras ya no responden por la historia moderna en ruinas ni por la pérdida del idealismo, las verdades generales y la centralidad del humanismo, la poesía debe responder por la actualidad del futuro. Se trata de una opción política, la de construir la diferencia del lenguaje ante el extravío de los discursos, que han perdido horizonte y proyección. Por eso, Vallejo y su poesía están siempre situados: son una demanda de lo específico, que a su vez exige desmontar el edificio funcional de las representaciones y construir las nuevas preguntas, la nueva percepción, capaz de ver mejor y revelar más. No es un mero utopismo voluntarista, sino una epistemología forjada desde los márgenes de la Modernidad, desde la búsqueda de una nueva forma heterogénea, y desde el «principio esperanza» en los poderes populares y las lecciones de futuridad. Es, claro, un mapa trasatlántico de corrientes alternas, cuyo lenguaje, puesto al límite, construye a sus próximos interlocutores en los movimientos sociales de relevo. A veces solo legible en términos de su propio hermetismo, este lenguaje se debe a su consiguiente hermenéutica.

En el mapa trasatlántico del poeta (Lima-París-Madrid), el lenguaje se demuestra libre de las genealogías de agravio y consolación, y más bien desplegado en su trabajo sobre la actualidad. Es un lenguaje español no del exilio ni de los escritores hispanoamericanos afincados en Europa, sino, más distintivamente, trasatlántico; esto es, de las varias orillas del español como lengua internacional de una actualidad artística, política y comunicacional, que se forja en ese crucial periodo parisino de Vallejo. Desde su orilla, Vallejo escribe en un escenario ampliado por el idioma. El desarrollo de la prensa y del género social de la época, la crónica; la convergencia de la vanguardia artística y política; la importancia de la traducción y el cine; la revuelta estudiantil contra los saberes arcaicos; y el ingreso de las mujeres en la política crean los géneros urgidos de presente y agudizan el sentido temporal que el poeta busca formular, no solo para sintonizar con él, sino para intervenir, entre opciones y definiciones, en ese paisaje de relevos. Este carácter trasatlántico de su operativo poético hace que su interlocutor implícito sea una figura dialógica correpresentada en el coloquio: a esa instancia se dirige cuando se excusa, a propósito de los burros peruanos: «Perdonen la tristeza». Escribe, por ello, desde un español acendrado por el aparato retórico conceptista, cuyo modelo es seguramente Quevedo; y en un horizonte del coloquio urbano, empírico y antitético, con regusto paradójico, echando mano del formidable repertorio de los formatos y las normas, desde la oratoria sacra y la jurídica, hasta la epístola, el acta y el inventario, y explorando siempre las estrategias y texturas del coloquio. Y escribe para un espacio de lectores interpolado por el mismo lenguaje español de su tiempo, que políticamente está comprometido con la crítica de las ideologías del pasado, todas de orden colonial y autoritario, y en movimiento abierto desde la crisis y la crítica, hacia la mezcla, lo heterogéneo y lo mestizo, que es el signo de lo moderno, forjado por el cuestionamiento de las formas apolíneas (de la Armonía con mayúscula) que en los años de entreguerras han elaborado las nuevas disciplinas sociales y las vanguardias artísticas. La Etnología, la crítica a la lírica hecha por Bataille, el negrismo y el culto del *jazz*, el imaginario caribeño y mexicano, entre otras formas de ruptura estética, alimentan el registro del poeta, que rehúsa las escuelas al uso y demanda una desnuda autenticidad y una nueva representación. Por lo mismo, la actualidad es, para Vallejo, una forma histórica del futuro. Y la escena trasatlántica, un trayecto de ida y vuelta del nuevo arte y los nuevos públicos, que se proyectan como una matriz de futuridad.

Haroldo de Campos (1929-2003), hacia 1984, pasó un semestre en Austin, como profesor visitante, y entre las varias intervenciones que planeamos juntos, me comprometió en uno de sus proyectos: la traducción al portugués de los poemas de César Vallejo, pero solo de aquellos que fuese imposible traducir. Haroldo, que había aprendido chino para traducir a Li Bai y entender mejor la teoría del ideograma de Pound; y hebreo, para traducir pasajes de la *Biblia* y adivinar la dicción de Dios, no se iba a amilanar por el hermetismo de Vallejo. De modo que dedicamos varias mañanas a descifrar (o «transcrear», como prefería él) unos poemas de *Trilce*. En un estado de entusiasmo, Haroldo repetía con vehemencia, como un conjuro, nuestro poema favorito, el XXIX:

Zumba el tedio enfrascado
Bajo el momento improducido y caña.

Pasa una paralela a
ingrata línea quebrada de felicidad.
Me extraña cada firmeza, junto a esa agua
que se aleja, que ríe acero, caña.

Hilo retemplado, hilo, hilo binómico
¿por dónde romperás, nudo de guerra?

Acoraza este ecuador, Luna.

Haroldo de Campos produjo, por fin, esta versión:

Zumbe o tédio enfarruscado
Sob o momemto improdutido e água-ardente.

Passa una paralela a passo
ingrato de requebrada linha de felicidade.

Estranha-me toda firmeza, à beira dessa
água que se afasta, aco que ri, ardente, água.

Fio retemperado, fio, fio binomico,
onde te vais romper, nó, górdio de guerra?
Encouraza este equador. Lua.

La traducción mantiene las cinco vocales del primer verso, y prefiere, de las acepciones de «caña» (caña de azúcar, ron de caña o aguardiente), la más metafórica, aunque el juego de figuras polares (líneas paralelas y líneas quebradas, fijeza y agua) es invertido: caña deja las paralelas y pasa a las fluidas. Por lo demás, el poema es, en español, más hermético y severo, más ceñido y concentrado; en la versión portuguesa resuena más vocálico y aliterativo, quizá más fluido que hierático. El último verso era saboreado por Haroldo gracias a la elocuencia de ese punto seguido, que añade una pausa dramática de admiración. Es una nota por demás vallejiana: un punto que resuena mudo.

Clayton Eshleman (1935), poeta y traductor norteamericano a quien conocí a fines de la década de 1960 cuando pasó un tiempo en Lima investigando el español de Vallejo, que traducía mientras controlaba el demótico limeño, vino a Providence con una beca para traducir *Trilce*, el verano de 1989. Clayton había demostrado ser un traductor capaz de asumir el sistema del poeta que traducía, aprendiendo en el proceso la lengua poética como otro idioma, y había mantenido con *Poemas humanos* un diálogo fructífero, pero *Trilce* fue mayor desafío. Le advertí que *Trilce* era intraducible incluso al lenguaje español, pero armado de diccionarios y primeras versiones de esos poemas al inglés, trabajamos metódicamente hasta que, quizá inevitablemente, me excusé de la empresa colectiva y quedé en el proyecto como mero responsable de la edición del texto en español, establecido para esa edición bilingüe. Su versión es la siguiente:

Bottled tedium buzzes
under the moment unproduced and cane.

A parallel turns into
an ungrateful broken line of joy.
Each steadiness astonishes me, next to that water
that receeds, that laughs steel, cane.
Retempered thread, thread, binomic thread
—where will you break, knot of war?

Armor-plate this equator, Moon.

El poema, en inglés, es más activo que en español. Aparece dinamizado por los verbos y, tal vez, termine siendo más extraño en inglés de lo que es en su propio idioma. En cambio, el resonar consonántico del inglés comunica a esta traducción un valor fónico más dramático y ardoroso.

Quizá el exceso de alusiones en este poema no demande recomponer una figura: no se trata de un cuadro cubista, a pesar de su construcción geométrica. Cabe, por ello, asumir que no tiene otro significado, ni explícito ni latente, que su juego alusivo, el cual, finalmente, es una elisión. La suma de las imágenes, irónicamente, produce una resta: dice más para decir menos. Por ello podríamos leerlo como una lección de anatomía poética: el poema late insólito y suficiente, pero su drama es la inexorable geometría de lo lineal. En ese sentido, sería un metapoema: su lectura y su traducción solo pueden ser literales. Su lógica expositiva es impecable; su modo de significación, una figura en la corriente del coloquio. Solo sabemos lo que vemos: un proceso de inminencia que reflexiona sobre su propio enigma. El instante no se produce, se incumple y repite. Recuerda a un poema de la cárcel donde el tiempo es un «Mediodía estancado entre relentes» (Trilce II). Lo que deducimos posee su propia suficiencia: una figura geométrica pasa de línea recta a línea quebrada en nombre de la felicidad, y el agua que corre y se pierde, burlescamente, subsume cualquier firmeza, igualándolas. El hilo de la vida ha hecho un nudo, quizá el lazo amoroso que de dos nombres hace uno, pero irá a romperse pronto. El Ecuador es otra línea frente a la Luna, que es circular. «Protégeme», le pide el poema a esta personificación mítica, donde respira la idea de lo femenino, de lo materno, ante la fatal fijeza de lo lineal, quizá del mediodía solar y su tedio vital. Otros lectores han visto un relato, en clave, de amor desdichado: la amada se ha ido con otro, la pareja ha terminado.[1]

Pero son la pregunta y la súplica, esas convocaciones al diálogo, las que introducen, con el coloquio, la imagen de una temporalidad desanudada.

1 Es el caso de Martos, Marco y Villanueva, Elsa. *Las palabras de Trilce.* Lima: Seglusa, 1989.

7.2. VALLEJO TRASATLÁNTICO

La obra poética de César Vallejo es una sistemática crítica del lenguaje, al que asume no desde la celebración de sus poderes, sino como un proyecto en construcción. Para situar la demanda de su trabajo, contamos, en primer lugar, con una arqueología del discurso vallejiano, gracias a los estudios puntuales que nos ofrecen la genealogía de una poética que documenta, desde su margen hispanoamericano, las desventuras del siglo XX. Vallejo, en efecto, ha sido leído en esa tradición crítica, característicamente latinoamericanista, desde los desbalances de una Modernidad cuyo proyecto global, incumplido siempre, ha instaurado el malestar de su larga crisis. Esa ilustre tradición nos viene de lejos: Pedro Henríquez Ureña, Alfonso Reyes, Octavio Paz creyeron que estábamos en busca de nuestra expresión, que habíamos llegado tarde al banquete de la civilización, que éramos hijos de la violencia del origen. Pero, en segundo lugar, contamos con la renovación crítica del sistema literario, por lo menos desde Borges hasta Lezama Lima, quienes postularon que somos dueños de todas las tradiciones y que el español nos llegó en su mayor plenitud. Y en esa perspectiva se ha documentado el trayecto epistemológico de la obra de Vallejo como un término de referencia para medir las demandas más altas que la poesía ha hecho al lenguaje. Después de todo, esta es una obra que empieza asumiendo y excediendo al Modernismo hispanoamericano, prosigue ensayando su propia versión de las vanguardias, explora los límites de la representación para una nueva percepción materialista, y culmina en la fusión del Apocalipsis y la Utopía en nombre del futuro del lenguaje mismo: «Pues de lo que hablo no es / sino de lo que pasa en esta época y / de lo que ocurre en China y en España y en el mundo».

Construye, así, un mapa del tiempo tramado desde las muchas orillas del español.

Si en la década de 1960 se impuso en las aulas la noción de una cultura deficitaria y traumática, que debía recuperar sus raíces para dar frutos propios, en el comienzo de este siglo se abrió paso la necesidad de exceder la lectura genealógica para explorar una lectura hacia afuera y hacia adelante, como proyecto de reconstruir redes y proyectar escenarios de reconocimiento y diferencia. Desde esta nueva lectura desencadenante, es posible leer el pasado latinoamericano no solamente como una serie fatal de fracasos que nos condenan a perpetuar el colonialismo, el imperialismo, la dependencia, la corrupción, la violencia y el luto, sino, más bien, como la historia permanentemente replanteada del porvenir. En esta perspectiva, la historicidad sería la serie cíclica de proyectos políticos, culturales y sociales donde recomienza una versión distinta de los hechos, su promesa. Esta historia es la historia del futuro una y otra vez ensayado. El mito de la revolución, la práctica del cambio, el ciclo de las migraciones, los programas de modernización, la idea de lo nuevo, la emergencia de nuevas fuerzas sociales y la noción de que todo está por hacerse, seguramente demuestran la fe emancipatoria de lo moderno en tanto secularidad, democratización y crítica ante un mundo azotado por las pestes ideológicas, las dictaduras sangrientas, la corrupción de las clases dirigentes, la pobreza endémica, la conversión de la vida cotidiana en mercado, la discriminación racial y el machismo. De cualquier forma, esa historia cultural del futuro está por escribirse.

Quizá no sea casual que hoy nos importe leer en Vallejo su lección de futuridad. Cada uno de sus libros es un escenario crítico donde la historicidad es la posibilidad de reconstruir la lectura como un precipitado de futuro. Vemos, así, en su poesía, la ardiente memoria de los futuros propuestos por el espíritu de contradicción. Desde la perspectiva de este siglo XXI, se trata del pensamiento que sigue construyendo el escenario de lo venidero. Y no es casual que la fuerza política de la obra de Vallejo adquiera hoy la rara actualidad de los profetas que prometen remontar la catástrofe. Después de todo, Vallejo vivió la gran crisis económica de fines de la década de 1920, reconocía «la cólera del pobre» y las paradojas de la miseria: «La cantidad enorme de dinero que cuesta el ser pobre». Vivió también los debates sobre el comunismo y las luchas intestinas contra el trotskismo. Vio el nacimiento de la República Española y fue conmocionado por la Guerra

Civil. Tuvo tiempo de vivir el descalabro de la promesa republicana y seguramente de adherir a la idea de la «revolución permanente». Según el filósofo Alain Badiou en *El siglo*, de 2005, vivimos hoy el «triunfo de la economía» (del control político de las funciones sociales del Estado), y podemos ver los intentos de destrucción de las ideas progresistas, convertidas en anacronismos estatistas o nacionalistas. El futuro, por lo mismo, está ocupado por los poderes en control, y por su otro lado, más bien oscuro, que es el mercado negro de la corrupción y la violencia. Jean-François Lyotard, por su parte, había ya advertido en *La condición postmoderna*, de 1979, que en los intentos por cancelar la experimentación y el cambio como instrumentos del arte de lo nuevo se revelan las fuerzas del mercado, el conservadurismo estético y su control de los relatos.

En la rebeldía poética de cuestionar el lenguaje en tanto confirmación del orden de las cosas, la poesía de Vallejo disputa la domesticación del nombre: «Se le pedía a grandes voces que le llamen, en fin, por su nombre / y esto no fue posible». En esta «Nómina de huesos», verdadera lección de anatomía verbal, el poeta nos dice que el nombre cuenta con la poesía para su renombre. En esa lógica se lee, en *España, aparta de mí este cáliz*, que los «suaves ofendidos», los «poderosos débiles» son los héroes trágicos de una utopía de la restitución: «¡Solo la muerte morirá!», anuncia, y, en efecto, ese tiempo futuro ocurre en el poema.

Entre España y América Latina, el futuro pareció, luego interrumpido. Y otras persuasiones lo hicieron retórico y, a la larga, redundante.

En las aulas de la universidad, a comienzos de la década de 1950, el tomo de la poesía de Vallejo, publicado en Buenos Aires por Losada (1949), plagado de erratas, circuló de mano en mano, como una bomba de tiempo. Me lo contó Ángel González. Ese libro prohibido lo leyeron los poetas de su generación en secreto, como una revelación. Blas de Otero, José Hierro y Gabriel Celaya entraron también en conversación con el poeta, cuya palabra circula en el diálogo que cada uno de ellos buscó restablecer con una temporalidad más contemporánea. Mi impresión es que el coloquio vallejiano les reveló un espacio alternativo al lenguaje cotidiano de entonces. Tal vez sea José Ángel Valente quien conceptualizó mejor el espacio verbal de ese encuentro.

En la poesía latinoamericana, esta resonancia del diálogo vallejiano ha sido no menos fructífera. Poetas tan distintos como los chilenos Nicanor Parra y Gonzalo Rojas han reconocido esa impronta, no menos patente en los mexicanos Efraín Huerta y Jaime Sabines, quienes llevaron el coloquio emotivo a una expresividad contraria a la dicción mesurada de buena parte de la poesía en México. El cubano Cintio Vitier tuvo un gusto vallejiano por las tensiones simétricas y la calidad reflexiva del poema y, además, escribió con agudeza sobre la poética del peruano. En el Perú, es más evidente esa impronta en la obra de Alejandro Romualdo, pero también en el barroco paródico de Carlos Germán Belli, y aun en la aguda concentración de los poemas de Blanca Varela. Aunque es menos evidente, asoma también en los poetas venezolanos Juan

Sánchez Peláez y Rafael Cadenas. Solo Rubén Darío había tenido una gravitación trasatlántica mayor.

Merece considerarse la relación hipotética de la poesía de Miguel Hernández con la de Vallejo. Es el poeta español cuya tensión sintáctica y esquema barroco están más cerca de la lección vallejiana. Está, a veces, a punto de una transposición sintáctica, de alguna figura más audaz, pero siempre se retiene para que la emoción predomine con su intensidad concentrada. Vallejo, en cambio, se debe a la transgresión de los códigos naturalizadores, a la práctica sinecdótica, a la puesta en tensión de la función referencial del mensaje.

Georgette recuerda que Vallejo y Artaud fueron presentados pero que no tuvieron nada que decirse. Ambos se hubieran podido reconocer en el trabajo sobre la negatividad como fuerza de contradicción política pero también en la centralidad del cuerpo, su pulsión y agonía, lo que presupone la restitución lúcida del centro de su trabajo menos literario y más orgánico. Quizá, en todo caso, Vallejo se hubiese sentido más cerca de la obra parisina de Samuel Beckett, por su ironía aguda y su absurdismo antintelectualista. Comparten, además, el desamparo tragicómico de la comedia social, que seguramente el cine de la época popularizó. Uno prefería a Chaplin; el otro, a Buster Keaton.

Leyendo a Vallejo, uno interroga su propia relación con el lenguaje, y mide de paso sus demandas y expectativas en relación con el arte y la cultura. Su obra no se resigna a un lugar en la biblioteca o a un capítulo de la literatura. Ocupa o desocupa una zona de urgencia, zozobra y exigencia. Sale de los archivos y abre un espacio no cartografiado, donde nos cita a poner en duda los sistemas dados. Está hecha con los restos del archivo de Occidente, con el lenguaje ardido de la historia moderna en español y en Iberoamérica. Le ha puesto fuego al archivo donde arden los dictámenes de la civilización dominante y etnocéntrica. Y nos anuncia que somos parte del habla con la cual rehacer un mundo reinscrito en estos papeles, en este recomienzo hispánico de la humanidad. Y esa es otra paradoja de la lección vallejiana: un lenguaje de la carencia y la orfandad termina siendo una poderosa demanda por el futuro de la historia, esa cultura trasatlántica de la sobrevida en español.

De su primer viaje a España había adelantado Vallejo (en una crónica escrita en noviembre de 1925) la emoción anticipada de ese encuentro, como si se tratara de un regreso:

> Desde la costa cantábrica, donde escribo estas palabras, vislumbro los horizontes españoles, poseído de no se qué emoción inédita y entrañable. Voy a mi tierra, sin duda. Vuelvo a mi América hispana, rencarnada, por el amor del verbo que salva las distancias, en el suelo castellano, siete veces clavado por los clavos de todas las aventuras coloniales.

Su pasado americano se le aparece anticipado por su encuentro castellano, gracias a que los planos de lo real se recomponen en el lenguaje. Es el verbo lo que precipita ese tiempo futuro en el pasado, como lección actual. Va a Madrid, añade:[2]

> A conocer sus grandezas, las grandezas de España, los irreprochables descalabros anatómicos del Greco, los auténticos estribos de oro regalados por los Papas a los grandes reyes déspotas; la pequeña esquina de la derruida Capilla del Obispo, en la Puerta del Moro; los dulces grupos de mujeres de velo; anacrónicas y sensuales; el alto y claro cielo; el primer manuscrito del idioma, sobre el pergamino en que don Rodrigo Díaz de Vivar y su mujer Jimena testan sus heredades.

Y en su visita a Toledo descubre «la actualidad»: un viejo sentado en su asno resume la historia viva de la ciudad.

El descubrimiento americano de España será una forma de la amistad. Con Juan Larrea, Gerardo Diego, Leopoldo Panero, José Bergamín, Federico García Lorca y Rafael Alberti, entre varios otros, forjó Vallejo una camaradería fraterna. En sus memorias, Alberti cuenta que va con Vallejo a visitar a Unamuno, quien les lee, en una tarde, su última pieza de teatro. Lorca debe haberse sentido requerido de hacer algo más por el poeta peruano, y trató de convencer a Camila Quiroga de montar una de sus piezas. Aparentemente se llegó a organizar una sesión de lectura de alguna de esas obras, seguramente para complacer a Lorca. A Ge-

2 Vallejo, César. «Entre Francia y España». *Mundial,* Lima, n.° 290, 1926.

rardo Diego le escribe «Lorca ha sido muy bueno conmigo y hemos visto a Camila Quiroga para mi comedia, sin éxito. La encuentra fuera de su estilo. Vamos a ver en otro teatro. Además, Lorca me dice, con mucha razón, que hay que corregir varios pasajes de la comedia [...]» (*Aula Vallejo*, Universidad de Córdoba, n.° 5, 6 y 7, 1963-1965).

Sobre el asesinato de Lorca, ocurrido en agosto de 1936, Vallejo se pronuncia al final de su discurso en el II Congreso Internacional de Escritores para la Defensa de la Cultura. Propone una movilización de apoyo a la República en los países americanos, donde, dice, los escritores españoles son familiares, venerados y esperados. Lista a los más reconocidos, y concluye «¡Y aquí, entre lágrimas y sonrisas, abro yo mi ardiente corazón sudamericano, mi corazón español, que nunca se sintió más español: en el afamado y entrado en años Antonio Machado saludo a la elevada tradición de España, en memoria de Federico García Lorca renuevo yo la protesta de toda Sudamérica contra el crimen sin límites del fascismo!». Se trata, así, de una protesta por la muerte del poeta amigo dentro del crimen ilimitado que significa el fascismo. El asesinato de Lorca, sugiere, nos ha hecho más vulnerables.

Por los «Apuntes biográficos» de Georgette de Vallejo sabemos que es con un doloroso silencio que el poeta expresaba su abatimiento por el trámite de la guerra, y que luego de su viaje a España, en los últimos meses de 1937, se le impusieron los poemas de *España, aparta de mí este cáliz*. Gracias a los facsímiles de las copias dactilografiadas (que incluyen todavía enmendaduras, a veces extensas), pero también gracias a los primeros borradores de estos poemas, preservados por Georgette, hemos podido comprobar la laboriosa hechura de los mismos. Nos detendremos en uno de ellos, el titulado «Cortejo tras la toma de Bilbao». Como ocurre con otros poemas, tanto el borrador a mano como la copia a máquina tienen la misma fecha; en este, 13 de septiembre de 1937. Dado que el poema tenía otro título en el manuscrito («Caballería roja»), cabe deducir que su manuscrito por lo menos corresponde a dos etapas de escritura. La primera fue descartada totalmente, pero de su tachadura, prácticamente ilegible, emerge la segunda, seguramente no sin zozobra. El final del manuscrito está también tachado, aunque no sabemos si pertenecía al primer arranque del poema («Caballería roja») o ya al segundo («Cortejo tras la toma de Bilbao»). El poema es un palimpsesto, se diría doble, porque la copia a máquina puede ser una lectura del original, pero también podría ser el resultado de sus dos fases: una proviene de la tachadura; otra, de su reescritura. La intriga de que las fechas del manuscrito y de la copia sean las mismas confirma lo que he adelantado en otra parte: las fechas en la copia a máquina de los poemas de París corresponden no a su escritura sino a su última revisión. Y si las fechas en el manuscrito y en su copia son la misma, quiere decir que transcribe la última versión. Pero no siempre es la versión final: todavía hay correcciones a mano en algunas copias. Esta es, así, una cronología de la rescritura. Al final, quizá no haya un original: solo una serie permutable de nombres y el impulso de un modelo del coloquio. Es interesante que Vallejo no destruyera ese proceso, casi del todo ilegible, de su escritura. Quizá quería demostrar que el poema solo es posible luego de haber tachado la escritura y su lectura. Es el primer gran escritor de la lengua cuya crítica del lenguaje culmina en una crítica de la lectura.

Esa fisura postulada por el propio poeta entre la palabra y el código que la procesa nos permite la leve licencia de la conjetura. Y un caso peculiar es el de «Cortejo tras la toma de Bilbao»:

> Herido y muerto, hermano,
> criatura veraz, republicana, están andando en tu trono,
> desde que tu espinazo cayó famosamente;
> están andando, pálido, en tu edad flaca y anual,
> laboriosamente absorta ante los vientos.

La parte tachada hablaba de un «comandante», famoso por su muerte, pero en la revisión aparece esta «criatura». En la nota que precede a la publicación de su conferencia en el II Congreso Internacional de Escritores para la Defensa de la Cultura en *El Mono Azul*, que dirigía Rafael Alberti, se anuncia la muerte de Vallejo, y se advierte «Porque las amistades no las constituyen el culto ni al muerto ni al vivo (ni el de los "vivos" a los muertos, como ocurre con García Lorca). Son la vida compartida [...]». Esta debe ser la primera voz de alarma contra el aprovechamiento del sacrificio de García Lorca por voces oficiales u oficiosas, más curiosa en esta revista y en esta ocasión, ya que el discurso de Vallejo, seguramente por razones de extensión, aparece suprimido en sus tres últimos párrafos, donde se menciona a García Lorca. En todo caso, se nos sugiere que el nombre de García Lorca debe ser citado con el cuidado debido a su memoria, y no separado del hecho «ilimitado» de una muerte que no cesa. ¿Y si este hermano «herido y muerto» cuyo «espinazo cayó famosamente» fuese Lorca, «criatura veraz», sin lugar conocido, «ante los vientos»?

Y prosigue:

> Guerrero en ambos dolores,
> siéntate a oír, acuéstate al pie del palo súbito,
> inmediato de tu trono;
> voltea;
> están las nuevas sábanas, extrañas;
> están andando, hermano, están andando.
>
> Han dicho: «Cómo! Dónde!...», expresándose
> en trozos de paloma,
> y los niños suben sin llorar a tu polvo.
> Ernesto Zúñiga, duerme con la mano puesta,
> con el concepto puesto,
> en descanso tu paz, en paz tu guerra.
>
> Herido mortalmente de vida, camarada,
> camarada jinete,
> camarada caballo entre hombre y fiera,
> los huesecillos de alto y melancólico dibujo
> forman pompa española, pompa
> laureada de finísimos andrajos!

Siéntate, pues, Ernesto,
oye que están andando, aquí, en tu tronco,
desde que tu tobillo tiene canas.
¿Qué trono?
¡Tu zapato derecho! ¡Tu zapato!

«El palo súbito» podría ser metáfora por *cruz*, nuevo trono del sacrificio. Las «nuevas sábanas» es alusión más oblicua, tal vez remitan a la exhumación, a la horrenda manipulación de la muerte del poeta. Unos se sorprenden hipócritamente de esa muerte, pero los niños confirman su inocencia. ¿Qué hace Ernesto Zúñiga en este canto fúnebre? Todos los lectores del poema lo han tomado por uno de los héroes rescatados por el libro. Pero en una entrevista de Santiago Amón (*El País*, 31 de diciembre de 1977), Juan Larrea reclama ser Ernesto Zúñiga. Dice Larrea: «He dedicado y sigo dedicando buena parte de mi vida a la interpretación de su profecía universal, y me complace figurar, bajo el nombre de Ernesto Zúñiga (¡alma republicana!), junto a los otros dos grandes símbolos (el obrero Pedro Rojas y el campesino Ramón Collar) de su poema apocalíptico en torno a España». André Coyné, en su *Medio siglo con Vallejo*, de 1999, ha hecho un minucioso balance del papel que Larrea dio a Vallejo en sus teorías teleológicas, que incluían una candidata hacendada y peruana para remplazar a la imposible Georgette, amén de la superación de sus ideas marxistas.[3] Habían dejado de frecuentarse

3 Programa evocado en Larrea, Juan. *Orbe*. Edición de Pere Gimferrer. Barcelona: Seix Barral, 1990.

el año en que Vallejo escribió su libro póstumo, aunque hay cartas de Vallejo con noticias puntuales y excusas. Fue recién a su muerte que Larrea descubre la poesía que Vallejo ha venido escribiendo secretamente. ¿Qué sentido podría tener que Vallejo lo incluyera entre los héroes de la República, en la que no tuvo sino un papel modesto? Después de la muerte de Vallejo y la caída de la República, desde su visión mesiánica, es que Larrea anuncia la rencarnación de España en Hispanoamérica, y declara a Vallejo profeta del Mundo Nuevo. Se trata, en efecto, de una formidable postulación utópica, aun si el delirio la visita.

Por lo demás, citar a Larrea con un seudónimo, ¿no introduciría un mecanismo de interpolación ajeno al poema? Los combatientes citados en el libro son todos reales: Antonio Coll, Lina Odena, Pedro Rojas, los dos primeros bien conocidos, el tercero consignado en un libro sobre la guerra. De Ramón Collar no tengo noticias, pero es suficientemente verosímil. Incluir a Larrea supone otro registro. Y darlo por muerto en un poema fúnebre sugiere no solo otro código sino una lectura más literaria. En su edición de la poesía de Vallejo, Larrea había anotado que Ernesto Zúñiga representaba al intelectual. Ricardo González Vigil cree más verosímil la idea de Paoli: representa a «su casta histórica, pobre y noble». Es cierto que citar a Lorca habría impuesto una lectura explícita y convertido al poema en una protesta. Es, en cambio, un poema dominado por una íntima ternura ante el escándalo de la muerte: «tus huesecillos de alto y melancólico dibujo». Y el hecho de que la única huella de la violencia sea su zapato, delata su ausencia, su desaparición.

Terminado el II Congreso Internacional de Escritores para la Defensa de la Cultura, Vallejo volvió a París, el 12 de julio de 1937, el mismo día en que se inauguraba el pabellón español en la Exposición Internacional de las Artes y la Industria en la Vida Moderna. Vio allí el *Guernica.* Del impacto de ese encuentro hay huella en el libro, pero me parece que ese impacto fue mayor que su registro. Parece evidente que el cuadro de Picasso y el libro de Vallejo son los dos monumentos de mayor alcance, elocuencia y fuerza gestados por la Guerra Civil Española. Vallejo había ya advertido que en la técnica de Picasso se plasmaba «una nueva poética», y que cabría «transportar al poema la estética de Picasso» (*Contra el secreto profesional*). Fundamentalmente, aunque Vallejo había ya puesto en juego una alternancia, superposición y correlación de elementos que evocan la técnica del Cubismo, por un lado, y del montaje cinematográfico, por otro, en el *Guernica,* la representación estaba mediada por el blanco y negro, lo que declaraba el esquema gráfico del mural, pero también, por la aparición del gris, en este caso la página del diario. Vallejo, como hemos visto, trabajaba sobre este eje de la actualidad, transportando de los periódicos de guerra el repertorio de la actualidad cernida por la disrupción de la lógica representacional que los hechos introducían en su registro. Picasso, como Vallejo, había echado mano a su propia obra, citada al primer plano de la irrupción de la violencia, la que fragmentaba su propio alfabeto para ocupar y aun desbordar el campo de la visión. Se trataba, en efecto, de ver más, de abrir la mirada al punto de excederla, de modo que la imagen o el lenguaje no fueran modos de control de los objetos, sino, más bien, principios de latencia, implosión y asombro.

No se trata, por ello, del alfabeto mismo (toros, madres, niños, horror, protesta), sino de la sintaxis o montaje que actúa tanto por concentración como por desarticulación. El eje, sin embargo, no es solo retórico (persuasivo) sino visual (inclusivo): el principio de rearticulación es, en el cuadro, el ojo cenital, la mirada del ojo que es, además, lámpara y sol. El espacio que se abre trama las miradas de los personajes que no se encuentran, cuyo centro es nuestra propia visión. Esa es la tragedia: las miradas han perdido, bajo la violencia, la capacidad de reconocerse. Por lo mismo, la dramatización del cuadro se basa en la mirada del espectador; y otro tanto ocurre en el poema, en cuyo espacio se disputa la verdad de ver. En ambas obras, el evento no cesa de sumar la magnificencia del arte y el escándalo de la violencia. Nuestra mirada, así, confirma el nacimiento, contra la muerte, de una ética afectiva.

7.3. Des/conocimiento del poeta

También la biografía de nuestra lectura de Vallejo es un proyecto por hacerse. En lo que sabemos sobre Vallejo se revela aquello que no hemos aún articulado de su obra. Por eso, esa biografía es la de un taller de lectura, y cada quien tiene un papel en su producción. He adelantado que Vallejo tuvo malos testigos, lo que es más evidente cuando consideramos a sus buenos lectores, algunos de ellos incluso excelentes. Nuestra lectura de Vallejo no sería la misma sin los trabajos de relevo hechos en una verdadera comunidad lectiva por André Coyné, Juan Larrea, Alberto Escobar, Roberto Paoli, Jean Franco, James Higgins, Saúl Yurkievich, Américo Ferrari, Gustavo Gutiérrez, Enrique Ballón, Nadine Ly, William Rowe, entre muchos otros. Y también hay una vida de Vallejo en Puerto Rico y Cuba, dos instancias polares de la Modernidad hispánica, que es única por la actualidad de su lectura, que no se resigna a reproducir lo dado, sino que se propone cambiarlo.

Un modo de reconstruir su biografía posible es seguir sus huellas, como se ha hecho fehacientemente, lo que permite ver su zozobra entre fronteras, abiertas unas, cerradas otras. No es un emigrado, quizá un «transterrado», como decía Gonzalo Rojas; tal vez un peregrino, como Dante en el romance, que hace la ruta del español al revés, para encontrarlo plenamente no en sus fuentes sino en sus frentes. Poeta de la crisis, en el desamparo de la ciudad, se trata no de los orígenes sino de la convocación de lo nuevo, aquello que está haciéndose dolorosamente.

Otro proyecto es reconstruir el campo de su lectura a través de los testimonios de su tránsito. Comprobar lo que supieron esos testigos privilegiados pero, sobre todo, aquello que no supieron del poeta. Gracias a esos testigos (algunos tan perfectos que no recuerdan nada) podríamos comprobar no solo qué poco sabemos, en verdad, de su desvivir, sino que cada vez sabemos menos. Ya he contado que a mis alumnos, al comenzar un seminario sobre Vallejo, les advierto que al terminar sabremos menos aun. Un seminario sobre Vallejo produce una economía académica inversa.

No obstante, este desconocimiento podría ser una vía interrogativa para acercarse a su constelación biopoética. Para ello, ensayaré un cotejo de testimonios sobre Vallejo, visto o entrevisto por algunos testigos privilegiados que, en distintos momentos, coincidieron con él lo suficiente como para perderlo de vista. No estoy seguro de que estos testigos reclamarían haberlo conocido cabalmente, aunque Georgette de Vallejo, su viuda, fue testigo apasionado en defender la calidad fidedigna del poeta, para siempre signada de protesta, por más que sus «Apuntes biográficos» demuestren lo difícil de cualquier certeza. Ante la imposibilidad de saber lo que supo, y habiendo quienes la acusan incluso de haber quemado los manuscritos, yo prefiero creerle incluso lo que olvidó.

Por lo demás, el primer problema que nos presenta la biolectura de Vallejo es la imposibilidad de conocer al otro, a pesar de que en español ejercitamos una suerte de abuso de esa confianza. Vallejo había dicho «Me han confundido con mi llanto», para defenderse de las interpretaciones simplistas de la supuesta transparencia entre su vida y su obra. Una parte de la crítica vallejiana se funda en esa presunción de legibilidad: creer que la obra es un mapa de la vida, que el yo del poeta es el del autor, y que cada palabra está cargada de referencialidad. Muchos han leído su poesía como si fuese su biografía y, me temo, el Vallejo que creen conocer es una invención sentimental forjada por la figura del poeta marginal, pobre y agobiado, figura, además, derivada del paradigma romántico del rebelde que se enfrenta a la sociedad y documenta su sacrificio.

Una vez en París me sorprendió esta placa del hotel en que me alojaba: «Aquí vivió César Vallejo». Todos los hoteles parisinos ostentan una placa parecida, de modo que era inevitable la de Vallejo. He leído en alguna parte que, desde uno de sus balcones, Vallejo vio pasar a Georgette, quien vivía en la acera del frente. La madre, que era una modista de cierta categoría y propietaria de su piso, prohibió a la hija toda relación con el extranjero. Pero Georgette había visitado a una adivina que le anunció la aparición en su vida de un hombre de ultramar con la fuerza del destino (ahora que escribo esto, no sé si lo leí o si ella misma me lo contó). Cuando murió la madre, el extranjero se mudó al piso. Luego cometieron el error de venderlo para emprender un viaje europeo en el que se gastaron el dinero. Al volver, tuvieron que vivir entre hoteles, endeudados. Aunque la pobreza de Vallejo era real, no dejó de conocer algunos buenos momentos. Era notablemente hospitalario y recibía a todos los amigos peruanos que pasaban por París (otra vez, Georgette me dijo «No sé por qué dibujan a Vallejo tan feo. Tenía un perfil casi tan fino como el suyo»; ella editaba la biografía incluyendo al lector).

De su vida parisina sabemos algo a través de memorias sucintas y retratos parciales. Ernesto More y Armando Bazán fueron amigos suyos, y escribieron sobre el poeta sendos testimonios. Se han conservado cartas y anécdotas gracias a otros escritores y viajeros. Pero casi todos estos contertulios, como les pasa a los poetas frecuentados por amigos ociosos y apurados, no eran buenos testigos, y terminaban siendo peores memorialistas. Casi no hay interpretaciones o intuiciones agudas sobre el poeta, y se repiten anécdotas nimias en torno a su bohemia (o bonhomía) y a su pobreza (o mala economía). A veces uno teme que estos testigos involuntarios no hayan sabido reconocer a un gran poeta y hayan pasado distraídos ante la complejidad de la persona y de su obra. Han repetido anécdotas sobre la hospitalidad del poeta, quien, como buen provinciano de familia grande, debe haberse sentido obligado a recibir a cualquier compatriota, que invariablemente añadiría otra noticia sobre la pobreza de Vallejo. No sin ironía, él repetía «La cantidad de dinero que cuesta ser pobre» (Neruda recuerda en sus memorias que Georgette se sentaba en la cama con mala cara; pero ella parece haberse dedicado a clasificar a los visitantes: de un escritor decía «¿Ha visto Ud. que Pedro Juan tiene los ojos demasiado juntos? Tiene cara de que no le gusta la poesía de Vallejo»).

Me encontré con Alejo Carpentier en la Universidad de Yale y quise preguntarle por el Vallejo que él había conocido bien. Carpentier fue uno de los amigos más cercanos de Vallejo en París, y paseaban juntos bajo los castaños, conversando. Cuando Desnoes rompió con Breton y otros surrealistas de la primera época, Carpentier firmó, junto a Desnoes y los disidentes, el famoso panfleto contra Breton titulado *Un cadáver*. Vallejo tuvo que haber intervenido de esos debates, y quizá su distanciamiento frente al Surrealismo como actividad literaria e intelectual se gestó en esa encrucijada. Más aun, gracias a las proyecciones de la Etnología, París había generado un movimiento decisivo para el arte latinoamericano: el diálogo trasatlántico entre las representaciones etnológicas y la cultura antillana, que desencadena las visiones culturales sincréticas de Carpentier y cuaja en su tesis de lo real maravilloso. El interés de Vallejo en el mundo incaico como escenario indígena peruano debe haberse alimentado de ese debate, que influye en la representación contrapolínica, antilogocéntrica de la figura humana y sus nuevos leguajes informalistas y rupturistas, que formuló, provocadoramente, Georges Bataille en su revista *Documents*, a fines de la década de 1920. Pero Carpentier, con las pausas dramáticas que lo caracterizaban, me respondió, como quien habla para siempre: «En la literatura hay dos clases de escritores: aquellos sobre los cuales hay mucho que contar, porque son dados a la aventura y resultan anecdóticos; y otros sobre los cuales no hay nada que decir, porque son austeros y lacónicos. Vallejo era de estos».

Para alguien que frecuentó la conversación de Vallejo, la declaración me pareció extremadamente escéptica. En cambio, cuando le preguntamos sobre el viaje de algunos exsurrealistas, de mano suya, a las Antillas, se explayó en el recuento y las anécdotas. Carpentier había tenido un papel mediador importante en ese diálogo, y quizá la impaciencia de Vallejo con los discursos ilusionistas no formaba parte del protagonismo al uso ni de la historia literaria. Pero, pensando en esta respuesta de Carpentier, no por contundente menos enigmática, creo ahora entender que la frecuentación de Vallejo suponía compartir la pasión reflexiva que lo distinguía, desde la práctica intelectual y ética de su noción del escritor, que asumía como un trabajo por avanzar en el sentido antiliterario y empírico de su época. Carpentier y Vallejo tenían algo muy importante en común: su compleja relación con el momento literario europeo. Atravesaron ellos las dos corrientes dominantes de la década de 1930: la Etnología, a la que estaba adscrito Asturias con su trabajo sobre literaturas indígenas; y por otro lado, el marxismo, aliado de modo polémico a las vanguardias. De modo que el americanismo de Vallejo y Carpentier se forma en debate con las ideas y opciones de ese momento crucial. Carpentier contribuye con la corriente etnológica escribiendo sobre la música negra y aportando su versión negrista. Su postulación de «lo real maravilloso» se alimenta de ese debate propicio. Vallejo participa de ese clima intelectual, y aunque parece tentado por la Etnología, va a acercarse más al marxismo. En verdad, su pensamiento desarrolla la transición hacia un materialismo cultural ya en la primera hora del aprismo del exilio parisino; prosigue con la recuperación etnológica de un sujeto de la periferia, africana o latinoamericana; y culmina con la visión del intelectual al servicio de la clase trabajadora. Esas parecen ser las transiciones básicas del americanismo político vallejiano. Como no podía ser de otra manera, su paso por el marxismo tampoco es ortodoxo y sencillo, pues seguirá siendo cristiano de origen y, probablemente, trotskista en la radicalidad de sus demandas.

Me encontré con Juan Larrea en un congreso sobre Huidobro en la Universidad de Chicago, y no pude dejar de preguntarle por el Vallejo que conoció. Larrea fue un amigo cercano a Vallejo en París, pero, a diferencia de la mayoría de sus amistades, tenía dinero. Para ayudarlo, le daba a copiar en limpio manuscritos suyos, con lo cual Vallejo se ganaba unos francos más que necesarios. Larrea, además, era un poeta interesante, pero estaba obsesionado con la teleología, una suerte de mística cultural y metafísica que no se permitía la casualidad. Todos sabían que Vallejo era un poeta de primera calidad, aunque muy pocos, si alguno, habían leído algo más que *Trilce.* Ambos dirigieron la efímera revista *Favorables París Poemas,* donde Vallejo incluyó algunas notas y pensamientos en lugar de sus propios textos. A través de Vallejo descubre Larrea el Perú andino y hace un viaje exploratorio, del que vuelve cargado de estímulos y de arte peruano antiguo, que adquirió con exquisito gusto, y que después donó al Museo de América, que está en Madrid. Todo indica que el marxismo del poeta era visto como un error por Larrea, y que las abstracciones totalizantes de este hacían sonreír al otro. Pero lo extraordinario de esta relación es que se hace más decisiva después de la muerte de Vallejo. Desde su exilio americano, Larrea elaborará una de las tesis más radicales acerca de la gravitación trasatlántica y la continuidad de la España salvada del fascismo en América Latina. La propuesta mitopoética de que América Latina es el espacio de realización de esa España que se ha perdido con la guerra y la expansión europea del fascismo es característica del catastrofismo producido por la crisis europea de fines de la década de 1930. Pero aun si es ligeramente hiperbólica, lleva la medida de su necesidad. Larrea, audazmente, va más allá, y convierte a Vallejo en el heraldo espiritual de esta España recuperada por el lenguaje poético para los tiempos futuros. Después, con una beca Guggenheim, Larrea estudió, en la Public Library de Nueva York, la ruta de Santiago predicador como la nueva venida de Cristo. Su método de análisis incluye la presencia de un lector en la sala donde lee como un signo de su buena pista. Pero volvamos a Chicago, donde Juan Larrea hizo una ponencia extraordinaria, de casi dos horas, sobre Huidobro, y no dejó de incluir el diálogo Huidobro-Vallejo, lo que me resultó fascinante porque aunque el tema era Huidobro le era imposible abandonar la medida vallejiana. Al final de la charla, a solas, me pareció que no cabía preguntarle otra vez por las relaciones Huidobro-Vallejo, y más bien le dije que él había reunido a Vallejo con Huidobro en un contrapunto de afinidades felices, pero que no había expresado una conclusión sobre ese cotejo. Y me atreví a interrogarlo: «Finalmente, ¿quien fue más lejos? ¿Y cuál de los dos tiene usted más cerca?». Guardó silencio y, con un brillo en los ojos, bajando la voz, pronunció «A Vallejo». Y sonrió, con complicidad traviesa. No tenía que decir nada más. Era una declaración de vida. Y cambiamos de tema.

A Georgette de Vallejo la conocí en Lima hacia 1965. Vivía ella en conflictos permanentes tratando de corregir y reparar la biografía de Vallejo, y hacerse cargo finalmente de sus obras. Lo cierto es que Vallejo estaba muy mal editado. La edición de Losada, que por mucho tiempo fue la más divulgada, estaba plagada de erratas. A Georgette le debemos la mejor edición de la obra poética, la de Moncloa, con facsímiles de los poemas parisinos. Carlos Germán Belli la llevó a mi casa, pues quería mi ayuda para un trámite judicial que pasaba por amigos en el Congreso. Lo malo era que yo, estudiante de licenciatura, solo podía remitirla al diputado de la familia; y terminamos hablando de poesía y, claro, de Vallejo. Era una mujer inteligentísima y encantadora, que cultivaba las opiniones fuertes, y no recataba su poca estima con los usos limeños. Era, además, espiritista, y convocaba a Vallejo, que concurría a su llamado. Demudado, le pregunté por esa conversación. Ella le reprochaba: «Vallejo, Vallejo, ¿por qué me has traído a este país? Yo quiero volver a París inmediatamente». Y Vallejo, poeta al fin, respondía «No te podrás ir hasta que no publiques mis obras completas».

Era muy laborioso esclarecer los enigmas vallejianos con ella, porque su lectura de la obra pasaba por sus propias convicciones. Ella había asumido que el poeta era ortodoxamente comunista, y quería asumir semejante razonamiento. Con André Coyné, que mantuvo hasta el final su amistad con Georgette, hemos hablado largamente sobre los malentendidos de esa lectura, casi siempre interferida por las simplificaciones, las circunstancias y las ideas generales. Aun las certidumbres biográficas, como el carácter de sus relaciones con otros amigos cercanos, aparecían acentuadas, sin muchos matices, a la hora de su juicio. Y, sin embargo, siempre hemos concluido, con Coyné, en el valor documental de su contribución con la obra póstuma. André es el único que me ha concedido el valor insólito de los poemas dispersos de Georgette.

Visité a María Zambrano, gracias a mis amigos Javier Ruiz y Julia Castillo, en su piso de Madrid. Ella había coincidido con Vallejo en el congreso organizado en 1937 por la Alianza de Intelectuales Antifascistas para la Defensa de la Cultura que tuvo lugar en Madrid, Valencia y Barcelona, en el cual Vallejo, delegado del Perú, presentó un discurso en favor de la causa republicana. María lo recordaba nítidamente. Me contó, como ya he anotado antes, que en una comida de escritores, en la cual todos hablaban al mismo tiempo en voz alta, de pronto sintió ella que había un silencio en la mesa; un silencio, dijo, notorio. Buscó de dónde venía ese silencio, y vio la cara de Vallejo. Se había pasado toda la comida en silencio. Lo observó, admirada de la belleza de su cabeza. Tenía, dijo, una frente muy amplia y el cráneo fino, como dibujado, con la piel pegada al hueso. Esa imagen silenciosa y luminosa es lo que le quedó de Vallejo. Me asombró que ella, que solo había visto a Vallejo una vez, lo recordara callar; un conocer, a su modo, poético. Años después, yendo a una presentación de la antología de escritos de María que había hecho José-Miguel Ullán, pregunté en la calle por el Círculo de Lectores y alguien, gentilmente, se ofreció a acompañarme: era un tartamudo. Fue un pequeño homenaje vallejiano a María.

Le pregunté si había visto la famosa primera edición de *España, aparta de mí este cáliz*, que en esos años había sido descubierta por Julio Vélez y Antonio Merino, y que en 1985 por fin visité en la Abadía de Montserrat. María Zambrano recordaba extraordinariamente esta edición: estaba impresa en papel de trapo, me dijo, un papel de pobres, tan frágil que no se podía imprimir sino por una cara, y el envés estaba en blanco. En la Abadía de Montserrat pude comprobar que ese recuerdo era exacto. Su admiración por el libro era, a su vez, admirable.

No podía yo dejar de preguntarle por el último enigma de la vida europea de Vallejo: su supuesto trotskismo. Evidentemente, el poeta había entrado en una tensión interior con las prácticas del comunismo oficial y, aunque no hay pruebas documentales, es razonable pensar que veía en la tesis de una revolución permanente la libertad de un movimiento sin mediaciones del Estado. Al menos en la biografía de Bazán, y en dos balances posteriores de testigos de la época, Vallejo aparece como simpatizante de las ideas trotskistas. Pero María no le dio mayor importancia a esa versión y me dijo que muchos escritores eran tildados de trotskistas porque no seguían los dictámenes del partido.

Octavio Paz me confirmó que Vallejo no ocultaba sus quejas sobre las estratagemas comunistas. Cuando, en su piso de Reforma, le conté mis indagaciones sobre el trotskismo de Vallejo, Paz recordó su único encuentro con el poeta en el II Congreso Internacional de Escritores para la Defensa de la Cultura, en Valencia. Había subido él a un coche dispuesto por los organizadores para los visitantes. Iba Octavio con alguien más en el asiento de atrás, y en el de adelante, junto al chofer, estaba sentado Vallejo. No recordaba Paz las palabras exactas del peruano, pero entendió que protestaba y se quejaba sobre la conducta de unos dirigentes del partido. Los demás guardaban silencio ante el monólogo de Vallejo, que detallaba la mala fe de los otros en lo que podía ser la línea política de un periódico. Recordé, por mi parte, que el comisario ruso Mijaíl Koltsov, en su fascinante *Diario de la Guerra de España*, escrito hasta 1937, repite la afirmación de que más republicanos han muerto en accidentes de coche que en las trincheras: los españoles conducen muy mal y a gran velocidad, se decía. No era un coche el mejor lugar para una tertulia. Pero es verosímil que Vallejo, abrumado por protestas pendientes, hubiese optado por volver a París, donde lo esperaba, en el pabellón español de la Feria Internacional, el *Guernica*, de Picasso. Ese era el monólogo vallejiano por excelencia: «¡Odumodneurtse!» (Trilce XIII).

Vallejo fue finalmente recuperado por España. El sentido de su fe española fue convocar el diálogo a largo plazo, desde los «niños de España» y los exiliados, en quienes el canto prosigue, libres del cáliz de la guerra. Fue, por ello, el poeta más plenamente trasatlántico de su tiempo, porque vivió la agonía española en América; y en la gran intuición redentora de Larrea, la posibilidad de una España americana.

De modo que el Vallejo que yo no conocí, pero que alcancé a percibir tras las versiones de quienes compartieron con él algunos tramos del camino, es un poeta hecho en el porvenir del diálogo.

8

Documentos

Esta breve muestra incluye poemas y textos de los Periódicos Varios de Guerra; no son fuente de *España, aparta de mí este cáliz*, sino una mínima parte del contexto que compartió Vallejo y que acompaña nuestra lectura de ese libro. Incluye también un artículo del poeta en torno a la guerra y su discurso en el II Congreso Internacional de Escritores para la Defensa de la Cultura.

«Un favor». *Ofensiva*, 18 de mayo de 1937; «Los dinamiteros». *Ofensiva*, 11 de febrero de 1937; «Romance de Lina Odena». *Sobre la Marcha*, 8 de abril de 1937; «Campesino de España», de Miguel Hernández, lleva como advertencia «Esta poesía ha sido propagada por *Altavoz del Frente de Extremadura*, en el frente y retaguardia del campo faccioso de nuestra región». *Frente Extremeño*, año 1, n.° 2, 26 de junio de 1937; y la carta de Lina de Odena, de una semana antes de su muerte, que es parte del homenaje que le rindió *Mujeres*, n.° 8, 1936.

UN FAVOR

No os ofendáis compañeros
de esta pobre poesía
que humildemente os envía
uno de los cocineros.

A los intendentes pido,
que suministran los frentes,
que nos tengan compasión,
a los bravos combatientes.

Si siempre mandáis trompitos,
alubias, arroz, lentejas.
¡Nos criaréis muy gorditos!
pero... yo escucho las quejas.

¿Para qué está Valencia,
tan risueña y campechana,
que produce unas verduras
las más lozanas de España?

Le rogamos a Intendencia,
que es nuestra fuente de abastos,
que nos remita verduras
de nuestros mejores campos.

Las verduras que pedimos
es cuestión de pocas cosas,
a ver si nos suministran
patatas, ajos, cebollas.

El arroz nunca es de sobra,
los garbanzos acompañan,
las alubias es buen plato
pero las verduras son sanas.

Si nos complace Intendencia
en nuestra grata petición,
damos un ¡viva Valencia!
y un viva a la Revolución.

Camaradas combatientes
los que estamos en campaña,
tener paciencia y entusiasmo
y gritemos ¡VIVA ESPAÑA!

A nuestra madre querida,
a nuestra España leal,
luchemos día y noche
por el Frente Popular.

PEDRO BALDOVI
(Cocinero)
3.º Bón. Comp. de Ametralladoras
57 Brigada Mixta

LOS DINAMITEROS

Mineros de Linares
y de La Carolina:
què bien rima mi pecho
con vuestra dinamita.

Cuando en la sierra brava
alguien dió la consigna,
surgistéis de las bocas
obscuras de las minas
con un fulgor alerta
rodando en las pupilas.

Hacia Córdoba triste
la lucha se encendía,
la lucha se apagaba
con pausas de alegría.

Milicias de Jaén,
que Peris acaudilla
y el ímpetu templado
de Ballesteros guía,
frenaban el avance
del bando fraticida.

Carretera adelante,
abierta la sonrisa,
la honda en la cintura
y las manos vacías,
paso a paso llegastéis
a la hoguera encendida.

¡Y allí fué vuestro nervio
la hoz de la justicia!

Hoz que siega ambiciones
y aplasta tiranías,
que descuaja raíces
y altos muros derriba
y en abismos de muerte
la muerte precipita.

¡Donde explota un cartùcho
florece un nuevo día!
Mineros de Linares
y de La Carolina:
que bien rima mi pecho
con vuestra dinamita.

PEDRO GARFIAS

Romance de Lina Odena

Por Granada, tropas moras.
Por Málaga, son leales,
Y de Málaga a Granada
es de fieles el viaje.
Por ellá va Lina Odena,
donde nunca fuera antes.
Va camino de la muerte,
va dirigiendo el avance.
Por allá va Lina Odena,
donde nunca fuera antes.
Quiere avisarle el vigía
y no puede darle alcance.
El auto que la llevaba
sigue camino adelante.
¡Lina Odena, Lina Odena,
ya nadie puede salvarte!
¡Ya no veremos tu risa,
tu estrella de comandante!
¡Ya tus palabras guerreras
no encenderán nuestra sangre!
¡Qué falsa noticias tienes!
¡De qué camino fiaste!
Carretera envenenada
de negras flechas fatales.
Lina Odena, Lina Odena,
por qué traición te engañaste.
Ya no sonará tu voz
por los soldados leales.
Sólo sonarán tus balas
de juticia en los trigales.
Sólo sonará tu cuerpo
cayendo en lo olivares.

Sólo sonará tu cuerpo
cayendo en lo olivares.
Sólo contra las arenas,
a luz sonará tu sangre.
Lina Odena, Lina Odena,
camarada del linaje
claro, de todos los héroes,
que sangrarán por vengarte.
¡Tú caíste, Lina Odena,
pero no tus libertades!
Que de Málaga a Granada,
tierras, trigos y olivares,
y las novias y las madres
no temen ya a criminales.
¡Que de Málaga a Granada
los caminos son leales!
¡Que todo alberga alegrías:
sólo tu muerte pesares!

Lorenzo VARELA

CAMPESINO DE ESPAÑA

Traspasada por junio,
por España y la sangre,
se levanta mi lengua
con clamor a llamarte.
Campesino que mueres,
campesino que yaces
en la tierra que siente
no tragar alemanes,
no morder italianos:
español que te abates
con la nuca marcada
por un yugo infamante,
que traicionas al pueblo
defensor de los panes:
campesino, despierta,
español, que no es tarde.
Calabozos y hierros,
calabozos y cárceles,
desventuras, presidios,
atropellos y hambres,
eso estás defendiendo,
no otra cosa más grande.
Perdición de tus hijos,
maldición de tus padres,
que doblegas tus huesos
al verdugo sangrante,
que deshonras tu trigo,
que tu tierra deshaces,
campesino, despierta,
español, que no es tarde.

Retroceden al hoyo
que se cierra y se abre,
por la fuerza del pueblo
forjador de verdades,
escuadrones del crímen,
corazones brutales,
dictadores de polvo,
soberanos voraces.

Con la prisa del fuego,
en un mágico avance,
un ejército férreo
que cosecha gigantes
los arrastra hasta el polvo,
hásta el polvo los barre.

No hay quien sitie la vida,
nó hay quien cerque la sangre
cuando empuña sus alas
y las clava en el aire.

La alegría y la fuerza
de estos músculos parte
como un bárbaro y rojo
manantial de volcanes.

¡Vencedores seremos,
porque somos titanes
sonriendo a las balas
y gritando: ¡ADELANTE!
La salud de los trigos
sólo aquí huele y arde.

De la muerte y la muerte
sois: de nadie y de nadie.
De la vida nosotros,
del sabor de los árboles.

Victoriosos saldremos
de las fúnebres fauces,
remontándonos libres
sobre tantos plumajes,
dominantes las frentes,
el mirar dominante,
y vosotros vencidos
como aquellos cadáveres.

Campesino, despierta,
español, que no es tarde.
A este lado de España
esperamos que pases:
que tu tierra y tu cuerpo
la invasión no se trague.

MIGUEL HERNANDEZ

(Esta poesía ha sido propaganda por Altavoz del Frente de Extremadura, en el frente y retaguardia del campo faccioso de nuestra región.)

Al comandante Pando, muerto en Brunete

No muere el árbol por el huracán doblado
ni en tierra su conciencia de árbol pierde.
Al aire el hueco mudo, descarnado,
afirma más la densa savia verde,
su ímpetu derribado
y su entereza bajo el hacha que le muerde.

Hay cuerpos que presienten el futuro
y sobre el día crecen y crecen como hiedra.
La piedra sola afirma su voluntad de muro;
la piedra derribada no deja de ser piedra.

Te he visto dominando la llanura
como raíz de fósforo, crecida
sobre la tempestad de plomo y de metralla.
Te he visto, Pando, sobre la ira que tritura,
allí por donde el odio levanta su muralla,
allí donde la vida deja de ser la vida.

Te he visto, Pando, sujetando el suelo
que en su quietud la muerte presintiera,
alzarte contra el miedo y en el miedo crecerte;
contra el furioso cielo,
sí, que alevosamente descendiera
tan repleto de pólvora y de muerte.

Te he visto tan entero
sobre la tierra que tu peso sosegara,
inmóvil entre el plomo y el acero,
de hielo ante la llama que avanzara,
firmemente derecho
sobre el pecho incendiado de la mañana clara.

Sé, Pando, que tu sangre desbordada
reverdecerá el viejo corazón de la tierra.
Sé que tu vida no cesa, ni paraliza
la lucha de tus huesos con la nada:
lo que hoy la noche en su negrura entierra,
una aurora mañana lo realiza.

Cuando hayamos matado al odio virulento
y cuando nuestros puños derriben a la ira,
un rayo de esperanza en fruto convertido
te alzará con nosotros en el viento
para decirte con la mies dorada: «¡Mira,
Pando, caíste, pero no vencido!

JUAN PAREDES

AIRE, TU

Aire, tú, aire de monte;
aire, tú, aire de sierra,
que bajas desde la nieve
a la Alcarria de Brihuega;
sangre entre el tomillo fino
aires en las mesetas;
cadáveres italianos
ventean en las praderas;
cadáveres que yo vi
con nieve de primavera;
al cielo los ojos blancos;
al sol las manos abiertas;
al fango, el pelo manchado;
al viento, la boca seca;
a la noche los oídos
y los huesos a la tierra.
Aire, tú, vendaval frío
sobre Trijueque y Brihuega;
grandes combates se riñen
sobre la tierra alcarreña;
tierra aplastada de siglos,
triste tierra soñolienta,
donde ahora, como un potro,
brinca y rebrinca la guerra
respirando negros humos,
bebiendo cólera negra,
coceando parapetos,
mordiendo trozos de tierra.
Allí donde el hierro vivo
levanta las carreteras.
¡Aire, tú, viento de España,
aire de loma desierta;
bien gozas como español,
bien cantas como risueña
coplilla de suaves alas
sobre la roja meseta!
¡Alegre viento de Ayllón,
vendaval de Somosierra,
baja de la nieve pura
y verás la primavera;
. . . .

verás postes del telégrafo
tumbados sobre las eras,
los alambres retorcidos
como roscas de culebras;
cientos de ametralladoras
limpias, intactas, completas,
solas con su perfil fino
bajo el sol y las estrellas;
verás montes de cartuchos,
fusiles y bayonetas;
los cañones apuntados
sin palabra, en las cureñas;
verás víveres y ropa;
las camisas negras, tiesas
de fango y de sangre helada
en las húmedas cunetas.
Cuando pases por Trijueque,
aire de la primavera,
aire, tú, aire de monte,
mira bien la roja tierra:
a España podrás contar
después muy felices nuevas.

José HERRERA PETERE

Valencia, 6 de septiembre de 1936.

«Querido camarada: Mentiría si te dijera que no tengo el corazón apesadumbrado. Abro el periódico y leo la muerte del teniente De Haro.

El hombre bueno y valiente, campesino o hijo de campesinos, que estaba enamorado de mí, ha caído al servicio del pueblo.

Ayer llegué a Valencia, y al comprar JUVENTUD leo el fusilamiento de nuestro Andrés. ¿Te acuerdas de nuestras citas habituales los viernes, a las tres, en el Quevedo? ¡Qué momentos más simpáticos y alegres! Era nuestra única hora de descanso en el trabajo agotador de toda la semana.

Andrés, ha muerto; mi aviador, también. Pero quedan millares de luchadores más. Quedamos otros que sabremos vengarlos y seguir hasta el fin.

Ya sé que los momentos son difíciles, pero tengo la seguridad, la absoluta seguridad de que saldremos adelante.

Hoy, en Valencia, se ha celebrado una gran manifestación, a la que se ha sumado el pueblo. Como siempre, la juventud a la cabeza. La retaguardia se está organizando bien.

En Barcelona he visto cosas muy buenas. ¡Qué gran alegría comprobar el crecimiento y el admirable trabajo de nuestro Partido! Pero mi mayor contento está en la labor que hacen nuestras juventudes. ¡Alégrate tú también! Mira, estamos organizando una nueva columna que lleva el nombre de un camarada caído. Y el mismo día que yo salía para Valencia sacaban nuestro periódico, JULIOL, lleno de fuerza, de vida, de juventud.

Pero se da el caso de que ha habido un buen trabajo en la preparación del Congreso de la Paz, que se está celebrando en Ginebra. Según he podido saber, sólo van como delegados dos muchachos de la Juventud Libertaria. Esto demuestra que hay muy poco que nos separe a los jóvenes anarquistas y a nosotros. Tú puedes comunicar este dato a los compañeros de Dirección.

Después de conseguidos todos nuestros objetivos en Cataluña, seguramente mañana emprendo la marcha a mi frente, para continuar la lucha hasta el fin. Si vieras qué prisa tengo por llegar.

Si tu trabajo te lleva hasta donde me encuentro, podrás contar cosas muy buenas en tus periódicos. Yo creo que allí nos veremos. Si no es así y tu trabajo te lleva a otros frentes, procura escribirme algo de cómo se desarrolla el trabajo en Madrid, de lo que hacen las muchachas, de cuál es la actividad de las mujeres. Cuéntame algo de ese Madrid, que tanto quiero.

Muchas más cosas te diría, pero me reclaman los minutos. Quiero llegar con mis armas hasta el frente. Y abrazar a todos. A todos. Nada más.

Mi próxima carta yo creo que te la podré fechar en Granada. Hay que vengar a todos nuestros amigos, a todos nuestros camaradas, a lo mejor de nuestra juventud que va cayendo...

Un abrazo más.»

LINA

Pedro Rojas,

cabo de Ametralladoras

En el Tercer Batallón de la Primera Brigada Mixta está Pedro Rojas, un auténtico combatiente del pueblo.

Durante uno de los duros contraataques enemigos, los facciosos enviaron delante varias banderas del Tercio con el fin de romper nuestras líneas. El cabo Pedro Rojas estaba al pie de su ametralladora, esperando tener a tiro a los traidores. Estos se acercaban en tromba, dispuestos a asaltar las trincheras republicanas.

El cabo Rojas continuaba en su puesto, sereno, pero dispuesto a infligir un serio castigo a los traidores. Cuando los legionarios hubieron llegado a sesenta metros de nuestras posiciones, la ametralladora del cabo Rojas empezó a disparar. Los legionarios de la primera línea cayeron para no levantarse más. Otros avanzaban. La ametralladora de Rojas seguía picando.

Nueve cintas vaciaron su plomo sobre los enemigos del pueblo y de la República. ¡Dos mil cincuenta disparos! El enemigo dejó el campo cubierto de cadáveres. Y no logró su objetivo. Dos banderas del Tercio, íntegras, perecieron en su loco intento.

El cabo de Ametralladoras Pedro Rojas es un héroe de nuestra guerra de independencia; un legítimo orgullo de la Primera Brigada y de la 11 División. Su conducta, tan sencilla como abnegada y heroica, es alabada por sus jefes y compañeros de lucha.

¡Salud, cabo Rojas!

LOS ENUNCIADOS POPULARES DE LA GUERRA ESPAÑOLA

París, marzo de 1937

¡Cuántos nuevos enunciados de grandeza humana y de videncia cívica van brotando del atroz barbecho operado por la guerra en el alma del pueblo español! Nunca viose en la historia guerra más entrañada a la agitada esencia popular y jamás, por eso, las formas conocidas de epopeya fueron remozadas —cuando no sustituidas— por acciones más deslumbrantes y más inesperadas.

Por primera vez, la razón de una guerra cesa de ser una razón de Estado, para ser la expresión, directa e inmediata, del interés del pueblo y de su instinto histórico, manifestados al aire libre y como a boca de jarro. Por primera vez se hace una guerra por voluntad espontánea del pueblo y, por primera vez, en fin, es el pueblo mismo, son los transeúntes y no ya los soldados, quienes, sin coerción del Estado, sin capitanes, sin espíritu ni organización militares, sin armas ni kepís, corren al encuentro del enemigo y mueren por una causa clara, definida, despojada de nieblas oficiales más o menos inconfesables. Puesto así el pueblo a cargo de su propia lucha, se comprende de suyo que se sientan en esta lucha latidos humanos de una autenticidad popular y de un alcance germinal extraordinario, sin precedentes.

La prensa europea —hasta la misma prensa de la derecha— ha registrado casos de heroísmo inauditos por su desinterés humano señaladamente, consumados, individual o colectivamente, por los milicianos y milicianas de la República. Pero hay otras acciones cuya heroicidad no reside ya en un arranque episódico, visible en circunstancias especiales de la guerra, sino
Casos como éste de Coll se ven frecuentemente en los diversos frentes de batalla. Sólo que nadie, en la mayoría de los casos, conoce los nombres de los héroes, y nadie, lo que es más, les da importancia. En esta guerra, camarada, —añade González—, cada cual hace lo que puede, sin preocuparse de la gloria.

Y como le pido que trate de señalar algunos casos salientes de valor, registrados particularmente en el frente de Madrid, González sonríe y me dice:

—Héroes. Proezas. Ya no existen, camarada. Mire Ud.: una lluvia de obuses está cayendo en la línea de Guadalajara, que los nuestros acaban de conquistar. Un equipo de zapadores se lanza a cavar, bajo el fuego, nuevas trincheras. ¿Quién ha dado la orden? Nadie. El comando la habría dado de permitírselo las comunicaciones en estas circunstancias. Piqueta en mano, los zapadores, vuelan, hechos añicos por los obuses enemigos. La orden viene ahora del comando, de cavar, y otro equipo prosigue, siempre bajo el fuego, la labor del primero. ¿Cuántos voluntarios han muerto? ¿Cuántos héroes?... Camarada: se cuentan por millares en las filas del ejército del pueblo. Todos son héroes o ya no los hay.

Se ha hablado, sin duda, del «soldado desconocido», del héroe anónimo de todas las guerras. Es otro tipo de heroísmo: heroísmo del deber, consistente, en general, en desafiar el peligro, por orden superior y, a lo sumo, porque esta orden aparece, a los ojos del que la ejecuta, investida de una autoridad en que se encarnan las razones técnicas de la victoria y un principio de fría, ineludible y fatal necesidad. En «La Tumba bajo el Arco del Triunfo», el soldado francés de 1914 exclama: «Una ley suprema rige la mecánica del cuerpo y la del alma en la trinchera: el deber». El drama más hondo y agudo del soldado en 1914, la tragedia que concentra y resume todas las disyuntivas del destino, no es la que emanaba del dolor y del peligro en el combate, sino el drama del deber, la tragedia de su inexorabilidad. En las horas críticas del peligro, ya no sabe el combatiente por qué lucha; un solo problema y una sola preocupación le obseden: cumplir con su deber, evitando, en los posible, el dolor y la muerte. Y es así que trata de encauzar su arrojo en el sentido de alcanzar el máximun de ofensiva con el mínimun de sacrificio. Táctica enseñada o resultante de resortes educativos remotos, ello es que ésta es la norma de conducta del soldado.

El heroísmo del soldado del pueblo español brota, por el contrario, de una impulsión espontánea, apasionada, directa, del ser humano. Es un acto reflejo, medular, comparable al que él mismo ejecutaría, defendiendo, en circunstancias corrientes, su vida individual. El que contrarresta un ataque a su persona, no lo hace, ciertamente, por mandato de un deber de conservación; lo hace por impulso irreflexivo y hasta almargen de toda ética consciente y razonada.

Los primeros meses, señaladamente de la guerra española, reflejaron este acento instintivo, palpitante de prístina pureza popular, que hiciera exclamar a Malraux: «En este instante al menos, una revolución ha sido pura para siempre». Hombres y mujeres se lanzaban por las rutas de Somosierra y de Extremadura, en un movimiento delirante, de un desorden genial de gesta antigua, al encuentro de los rebeldes. Un estado de gracia —así podríamos llamarlo— pocas veces dado a pueblo alguno en la historia y sí muy explicable en la naturaleza sensible, directa y como adánica del pueblo español, hizo posible que este pueblo recibiera desde el primer momento, certeramente, los objetivos reales de la insurrección fascista, que eran los de acabar en España con los pocos derechos recientemente conquistados por las clases laboriosas, para luego extender al resto del mundo el imperio de la fuerza al servicio de la reacción organizada. De ahí que, al solo anuncio de esta agresión en carne viva a sus más caros y entrañables intereses, la masa popular no espera, para contrarrestarlo, la iniciativa siempre lenta y papelista del Gobierno y ni siquera las arengas y llamamientos de la muerte. Y es así que trata de encauzar su arrojo en el sentido de alcanzar el máximun de ofensiva con el mínimun de sacrificio. Táctica enseñada o resultante de resortes educativos remotos, ello es que ésta es la norma de conducta del soldado.

El heroísmo del soldado del pueblo español brota, por el contrario, de una impulsión espontánea, apasionada, directa, del ser humano. Es un acto reflejo, medular, comparable al que él mismo ejecutaría, defendiendo, en circunstancias corrientes, su vida individual. El que contrarresta un ataque a su persona, no lo hace, ciertamente, por mandato de un deber de conservación; lo hace por impulso irreflexivo y hasta almargen de toda ética consciente y razonada.

Los primeros meses, señaladamente de la guerra española, reflejaron este acento instintivo, palpitante de prístina pureza popular, que hiciera exclamar a Malraux: «En este instante al menos, una revolución ha sido pura para siempre». Hombres y mujeres se lanzaban por las rutas de Somosierra y de Extremadura, en un movimiento delirante, de un desorden genial de gesta antigua, al encuentro de los rebeldes. Un estado de gracia —así podríamos llamarlo— pocas veces dado a pueblo alguno en la historia y sí muy explicable en la naturaleza sensible, directa y como adánica del pueblo español, hizo posible que este pueblo recibiera desde el primer momento, certeramente, los objetivos reales de la insurrección fascista, que eran los de acabar en España con los pocos derechos recientemente conquistados por las clases laboriosas, para luego extender al resto del mundo el imperio de la fuerza al servicio de la reacción organizada. De ahí que, al solo anuncio de esta agresión en carne viva a sus más caros y entrañables intereses, la masa popular no espera, para contrarrestarlo, la iniciativa siempre lenta y papelista del Gobierno y ni siquera las arengas y llamamientos de la prensa y de los partidos del pueblo, en fin, nada de lo que pudiera suscitar en ellas la noción y el sentimiento del *deber*, sino que se echa huracanada a la calle, exige armas y toma la delantera en la ofensiva, arrastrando a remolque suyo, los cuadros dirigentes y sectores oficiales a los que, hasta ahora, en conflictos parecidos, ha tocado tradicionalmente la iniciativa y el impulso original.

Podrá citarse, a este propósito, el caso de las antiguas ágoras espartanas y, acaso, del comicio romano, las guerras revolucionarias de 1789 en Francia y de 1917 en Rusia. Pero entendámonos.

Al origen de las expediciones más populares de los griegos, ciertos factores psicológicos y políticos especiales restan frenesí multitudinario al movimiento bélico. Cabeza de éste es siempre un gran hombre, legislador, tribuno o general, amén de que la decisión del pueblo de hacer la guerra es habitualmente el resultado de debates, sumarios es verdad, pero desenvueltos dentro de ese rigor dialéctico académico, propio de una sociedad apolínea. (Lo dionisíaco estuvo siempre desterrado de la república). En cuanto a la muchedumbre romana, la elocuencia de los tribunos populares la mantuvo siempre domesticada y con llave en la antesala del Foro, cuando no la maculaba el apetito del botín en perspectiva. Pasando, finalmente, a las guerras de Francia y de Rusia, baste recordar que ellas se hicieron al impelente grito de los Marat y de los Lenin y en el clima creado de antemano por jacobinos y bolcheviques.

En la España de 1936, no se descubre al origen del empuje guerrero del pueblo, hombre alguno de talla, orador, general u organizador; los trabajadores que se lanzan a la toma del cuartel de la Montaña o del de Atarazanas, no han celebrado antes justa alguna tribunicia en las plazuelas, ni salen de catacumbas de conspiración en que han ardido lenguas de iluminados a cuya vibración fuera tocada con la sagrada chispa el alma de las masas, y, menos todavía, van atraídos por la pitanza, regresiva, zoológica, del saqueo y la revancha del estómago. Largo Caballero, Azaña, Prieto, pierden, durante las primeras semanas del conflicto, todo relieve en el enorme torbellino popular; los jefes militares son, precisamente, los traidores y asesinos del pueblo y, de entre las filas de base del ejército, leales al Gobierno, las figuras de los futuros capitanes republicanos, borrosas, incoloras, esperan su momento. Bloch ha contado, en fin, haber sido testigo de cómo en Barcelona, en Madrid, en Valencia, los obreros, una vez tomado un cuartel, un palacio rebelde, pasaban indiferentes ante los armarios, cofres, cajas fuertes y despensas de los poderosos, totalmente embargados por la emoción social de la victoria.

Desde estos puntos de vista, la epopeya popular española es única en la historia. Ella revela de cuánto es capaz un pueblo, lanzado, por exclusiva propulsión de sus propios medios e inspiraciones cívicas, a la defensa de sus derechos: debela, en pocos meses, una vasta insurrección militar, detiene dos poderosas invasiones extranjeras coaligadas, crea un severo orden público revolucionario, estructura, sobre nuevas bases, su economía, funda de pies a cabeza un gran ejército popular y, en suma, se coloca a la vanguardia de la civilización, defendiendo con sangre jamás igualada en pureza y ardor generoso, la democracia universal en peligro. Y todo este milagro —hay que insistir— lo consuma por obra propia suya de masa soberana, que se basta a sí misma y a su incontrastable devenir.

LA RESPONSABILIDAD DEL ESCRITOR

Barcelona, julio de 1937.

Traigo el saludo de mis compañeros al pueblo español que luchan con un interés sobrehumano, con una vocación sin precedentes en la Historia y que está asombrando al universo.

Vosotros sabéis que el Perú, al igual que otros pueblos de América, vive bajo el dominio de una dictadura implacable: esta dictadura se ha exacerbado. No se consiente que se pronuncie una palabra al respecto de la República española en las calles de Lima ni en ninguna ciudad de la República. Los escritores han organizado una campaña de programa enorme en las más apartadas regiones del país, y está campaña ha merecido la condena del Gobierno.

Con este saludo de los escritores de nuestro país os traigo el saludo de las masas trabajadoras del Perú. Estas masas, contrariamente a lo que podáis imaginaros, tratándose de un país que arrastra una vieja cadena de ignorancia y de obscuridad, ha podido desde el primer momento percibirse de que la causa de la República española es la causa del mundo entero. ¿Por qué, me preguntaréis, esta capacidad de rapidez con que las masas del Perú y del mundo entero se han dado cuanta de sus deberes hacia la República española? La explicación es clara: los pueblos que han sufrido una represión, una dictadura, el dominio de las clases dominantes, poderosas durante siglos y siglos, llegan por una aspiración extraordinaria a tener esta rapidez; porque un largo dolor, una larga opresión social, castigan y acrisolan el instinto de libertad del hombre en favor de la libertad del mundo hasta cristalizarse en actos, en acción de la libertad.

Las masas trabajadoras de América luchan, pues, al lado de las masas trabajadoras de España.

Hacen mal los Estados y los Gobiernos de América en tratar de impedirlo, porque a pesar de estas obstrucciones, de estas detenciones, de estas persecuciones, estas masas llegan a organizar una acción de conjunto en favor de la República española.

Las masas trabajadoras de América luchan, pues, al lado de las masas trabajadoras de España.

Hacen mal los Estados y los Gobiernos de América en tratar de impedirlo, porque a pesar de estas obstrucciones, de estas detenciones, de estas persecuciones, estas masas llegan a organizar una acción de conjunto en favor de la República española.

Camadaras: Los pueblos iberoamericanos ven claramente en el pueblo español en armas una causa que les es tanto más común cuanto que se trata de una misma raza y, sobre todo, de una misma historia, y lo digo, no con un acento de orgullo familiar de raza, sino que lo digo con un acento de orgullo humano, y que sólo una coincidencia histórica ha querido colocar a los pueblos de América muy de cerca de los destinos de la madre España.

América ve, pues, en el pueblo español cumplir su destino extraordinario en la historia de la Humanidad, y la continuidad de este destino consiste en que a España le ha tocado ser la creadora de continentes, ella sacó de la nada un continente, y hoy saca de la nada al mundo entero.

Camaradas: He observado en el curso de los debates de este Congreso desde sus comienzos que todos los delegados han traído la voz pálida de sus respectivos países como mensajera de la vida revolucionaria de esos países; pero hay un punto, tocado muy someramente y que, a mi entender, es un punto de los más graves; es un punto que debía haberse tocado con mayor ahínco. Me refiero ahora al respecto de la responsabilidad del escritor ante la Historia y, señaladamente, ante los momentos más graves de la Historia. Este aspecto pobre de conciencia profesional del escritor, el compañero, Grao, escritor holandés, lo ha tocado de un modo admirable.

Hablemos un poco de esa responsabilidad, porque creo que en este momento, más que nunca, los escritores libres están obligados a consubstanciarse con el pueblo, a hacer llegar su inteligencia a la inteligencia del pueblo y romper esa barrera secular que existe entre la inteligencia y el pueblo, entre el espíritu y la materia. Estas barreras, lo sabemos muy bien, han sido creadas, por las clases dominantes anteriores al dominio de la monarquía. Creo, pues, necesario llamar la atención de los escritores del II Congreso Internacional Antifascista, diciéndoles que es necesario, no que el espíritu vaya a la materia, como diría cualquier escritor de la clase dominante, sino que es necesario que la materia se acerque al espíritu de la inteligencia, se acerque a ella horizontalmente, no verticalmente; esto es, hombro a hombro.

Jesús decía: «Mi Reino no es de este mundo». Creo que ha llegado un momento en que la conciencia del escritor revolucionario puede concretarse en una fórmula que reemplace a está fórmula, diciendo: «Mi Reino es de este mundo, pero también del otro».

Por desgracia, la conciencia de la responsabilidad profesional del escritor no está bastante desenvuelta entre la mayoría de los escritores del mundo. La mayor parte de los escritores están al lado del fascismo porque carecen de esta conciencia de su acción histórica; pero nosotros tenemos de nuestro lado lo mejor del pensamiento del mundo, lo mejor en calidad. La prueba es que los escritores de mayor valor intrínseco han venido a este Congreso a manifestar su adhesión a la causa del pueblo español.

Otra prueba de que la conciencia de la responsabilidad del escritor no está bastante desarrollada es que, en las horas difíciles por que atraviesan los pueblos, la mayor parte de los escritores se callan ante las persecuciones de los gobernantes imperantes; nadie pronuncia una palabra en contra, y ésta es una actitud muy cómoda. De desear sería que en estas horas de lucha en que la policía, la fuerza armada, están amenazando la vida, la actividad de los escritores y del pueblo entero, que estos escritores levanten su voz en estas horas y que tengan el valor de protestar de esta tiranía, de esta actitud.

Un camarada de los más notables dijo que de desear sería exigir de las Internacionales Obreras una mayor presión sobre las masas para que expresen su protesta contra las actitudes de los Gobiernos respectivos, y para que bajen a la calle, a fin de prestar a la España republicana el innegable derecho que tiene de armarse contra la invasión extranjera.

Los responsables de lo que sucede en el mundo somos los escritores, porque tenemos el arma más formidable, que es el verbo. Arquímedes dijo: «Dadme un punto de apoyo, la palabra justa y el asunto justo, y moveré el mundo»: a nosotros, que poseemos ese punto de apoyo, nuestra pluma, nos toca, pues, mover el mundo con esta arma. *(Muchos aplausos.)*

Naturalmente, el problema se reduce a un problema de tipo personal y de interés de los propios escritores, porque no movilizamos nuestras plumas, no estamos contra los Gobiernos, contra la Prensa enemiga, contra los escritores llamados neutrales.

En la mayoría de los casos, los escritores no tenemos heroicidad, no tenemos espíritu de sacrificio. Charlot decía: «Nosotros, los escritores, tenemos una vergüenza enorme que nos hace bajar la cabeza, y es la de ser escritores».

Hora es de asumir nuestro papel valerosamente, tanto en las horas en que estamos bajo un Gobierno propicio, como también en las horas que estemos bajo un gobierno adverso.

Estoy abusando del tiempo escaso de que disfrutamos; este Congreso, naturalmente, no ha venido a discutir problemas de técnica profesional, pero hemos venido con un objeto, hemos venido en una misión profesional que consiste en darnos cuenta de la materia prima que debe tener cada escritor creador, cual es el contacto directo con la realidad española, que hoy más que nunca puede dar buenos frutos.

Para nosotros los escritores revolucionarios, un hombre culto es el hombre que contribuye individual y socialmente al desarrollo de la colectividad en un terreno libre, de concordia, de armonía y justicia por el progreso común e individual.

De aquí que cuando hemos sabido cómo el 5° Regimiento había salvado los tesoros artísticos encontrados en el palacio del duque de Alba, y los había salvado al precio del sacrificio de alguna vida, exponiendo la existencia de estos camaradas, haya algunos compañeros intelectuales que se hayan preguntado: «¿Es posible que el concepto de cultura se haya tamizado hasta tal punto que el hombre tenga que ser el esclavo de lo que ha hecho sacrificando su vida en servicio de una escultura, de un cuadro de pintura, etc.?» Para nosotros, el concepto de cultura es otro: creemos que los Museos son obras más o menos perecederas de la capacidad más gigantesca que tiene el hombre, y querríamos que en un radio de ensueño artístico, de ideal casi absurdo, querríamos, digo, que en esta contingencia trágica del pueblo español suceda lo contrario. Que en medio de una batalla de las que libra el pueblo español y el mundo entero, los Museos, los personajes que figuran en los cuadros hayan recibido tal soplo de vitalidad que se conviertan también en soldados en beneficio de la Humanidad. Es necesario darnos cuenta de nuestra misión aquí.

Es necesario que cuando volvamos a nuestros países no olvidemos la situación de esta lucha del pueblo español. Hay que movilizar los espíritus, las masas, en favor de la República Española.

Una palabra, y termino: Este Congreso se denomina Congreso para la defensa de la cultura, pero difícilmente los intelectuales del mundo se ponen de acuerdo.

Hace algunos años, este tema fue materia de discusión interesantísima para saber si un hombre es culto o no lo es. Un escritor inglés decía: «El hombre culto es un hombre honrado que cumple exactamente con sus deberes, con su amistad, etc., aun cuando sea un perfecto ignorante, un inepto y no sepa apreciar una sinfonía de Beethoven».

Un francés decía: «Para nosotros un hombre culto es un hombre que se ha especializado en un ramo, y en ese ramo ha hecho un descubrimiento de gran beneficio para la Humanidad, aunque sea un hombre deshonesto y no honrado».

Debemos tener clara nuestra tarea. Cuando volvamos a nuestros países debemos no olvidar al combatiente pueblo español. Todo debe ser allí movilizado en favor de la República Española. ¡Con cuánta emoción se esperan en todos los círculos entre los literatos y entre los trabajadores, noticias, libros, folletos, pancartas de España! ¡Con cuánta alegría se saluda a los mensajes y a sus portadores!

Yo propongo que se organice una campaña de propaganda de intelectuales: la España legal puede estar orgullosa de sus artistas y escritores, ya que todos los verdaderos artistas se han puesto a su disposición. ¡Sudamérica les espera! América espera que le trasmitan la voz de España, que estimulen a los Comités de Ayuda, a los grupos de intelectuales que en Sudamérica luchan por España.

Los nombres de los poetas españoles, de los jóvenes y de los viejos, son al otro lado familiares. Hay hasta un culto a Machado. Y las masas saben quién es Rafael Alberti, quién Bergamín, León Felipe, Prados, Altolaguirre, Cernuda, Aleixandre, Serrano Plaja, Rafael Dieste, Miguel Hernández, Gil Albert, Aparicio, Herrera Petere. En la tierra de Rubén Darío y José Asunción Silva, de Herrera Reissig, Enrique Banchs y de nuestro querido Pablo Neruda no fueron nunca los poetas de España tan conocidos y tan venerados como hoy. ¡Y aquí, entre lágrimas y sonrisas, abro yo mi ardiente corazón sudamericano, mi corazón español que nunca se sintió más español: en el afamado y entrado en años Antonio Machado saludo a la elevada tradición de España, en memoria de Federico García Lorca renuevo yo la protesta de toda Sudamérica contra el crimen sin límites del fascismo!

9

Bibliografía

9.1. De César Vallejo

Vallejo, César. *Obra poética.* Edición crítica de Américo Ferrari. Nanterre: Colección Archivos, 1988.

—. *Obra poética completa.* Edición con facsímiles a cargo de Georgette de Vallejo, al cuidado de Abelardo Oquendo. Lima: Francisco Moncloa, 1968.

—. *Poesía completa.* 4 vols. Edición de Ricardo Silva-Santisteban. Lima: Pontificia Universidad Católica del Perú, 1997.

—. *Obra poética completa.* Edición, prólogo y cronología de Enrique Ballón Aguirre. Caracas: Biblioteca Ayacucho, vol. 58, 1979.

—. *Trilce.* Edición de Julio Ortega. Madrid: Cátedra, 2001.

—. *Teatro completo.* Prólogo, traducciones y notas de Enrique Ballón Aguirre. Lima: Pontificia Universidad Católica del Perú., 1999, 2 v.

—. *Autógrafos olvidados.* Edición facsimilar de 52 manuscritos, al cuidado de Juan Fló y Stephen M. Hart. Lon-

dres y Lima: Tamesis y Pontificia Universidad Católica del Perú, 2003.
—. *Obras completas*, vol. 1. *Obra poética*. Edición de Ricardo González Vigil. Lima: Banco de Crédito del Perú, 1991.
—. *Correspondencia completa*. Edición de Jesús Cabel. Lima: Pontificia Universidad Católica del Perú, 2002.
—. *Ensayos y reportajes completos*. Edición de Manuel Miguel de Priego. Lima: Pontificia Universidad Católica del Perú, 2002.
—. *Artículos y crónicas completos*. Edición de Jorge Puccinelli. Lima: Pontificia Universidad Católica del Perú, 2002, 2 vols.
—. *Traducciones completas*. Edición de Rosario Valdivia Paz-Soldán. Lima: Pontificia Universidad Católica del Perú, 2003.

9.2. Sobre César Vallejo

Armisén, Antonio. «Intensidad y altura: Lope de Vega, César Vallejo y los problemas de la escritura poética». *Bulletin Hispanique*, Bordeaux, t. LXXXVII, n.° 3-4, julio-diciembre, 1985.

—. «Notas sobre la génesis y relaciones intertextuales de la ignorancia de Vallejo. *Los heraldos negros* y su huella en *Los aparecidos* de Jaime Gil de Biedma». *Tropelías, Revista de Teoría de la Literatura y Literatura Comparada*, Universidad de Zaragoza, n.° 5-6, 1994-1995.

Aronne Amestoy, Lidia. «Trilce IX: bases analíticas para una poética y una antropología literaria». *INTI*, Providence, n.° 9, 1979.

Ballón Aguirre, Enrique. *Vallejo como paradigma (Un caso especial de escritura)*. Lima: Instituto Nacional de Cultura, 1974.

Bazán, Armando. *César Vallejo: dolor y poesía*. Lima y Buenos Aires: Mundo América, 1958.

Cervera Salinas, Vicente. «César Vallejo y José Lezama Lima en la lírica de J.A. Valente (un dualismo americano)». En *Jaime Gil de Biedma y su generación poética. Actas del Congreso.* Zaragoza: Diputación de Aragón, 1996, vol. 2.

Clayton, Michelle. *Poetry in pieces. César Vallejo and lyric modernity.* Berkeley: University of California Press, 2011.

Coyné, André. *César Vallejo y su obra poética.* Lima: Letras Peruanas, 1957.

—. *César Vallejo.* Buenos Aires: Nueva Visión, 1968.

—. *Medio siglo con Vallejo.* Lima: Pontificia Universidad Católica del Perú, 1999.

Cuadernos Hispanoamericanos. Homenaje a César Vallejo, Madrid, n.° 454-455, abril-mayo, 1988, 2 vols.

Enzensberger, Hans Magnus. «Vallejo: víctima de sus presentimientos». En Julio Ortega, *César Vallejo.* Madrid: Taurus, 1985.

Escobar, Alberto. *Cómo leer a Vallejo.* Lima: P.L. Villanueva, 1973.

Espejo Asturrizaga, Juan. *César Vallejo. Itinerario del hombre, 1892-1923.* Lima: Juan Mejía Baca, 1965.

Fernández, Carlos y Gianuzzi, Valentino. *César Vallejo. Textos rescatados.* Lima: Editorial Universitaria y Universidad Ricardo Palma, 2009.

Ferrari, Américo. *El universo poético de César Vallejo.* Caracas: Monte Ávila, 1972.

Flores, Ángel. *César Vallejo.* Síntesis biográfica, bibliográfica e índice de poemas. México: Premiá, 1982.

Foster, David William. *César Vallejo. A bibliography and secondary sources.* Westport: Greenwood Press, 1981.

Franco, Jean. *César Vallejo. The dialectics of poetry and silence.* Cambridge: Cambridge University Press, 1976.
González Vigil, Ricardo. *Leamos juntos a Vallejo. Los heraldos negros y otros poemas juveniles.* Lima: Banco Central de Reserva, 1988.
—. (Ed.). *Intensidad y altura de César Vallejo.* Lima: Pontificia Universidad Católica del Perú, 1993.
González Tuñón, Raúl. *La literatura resplandeciente.* Buenos Aires: Boedo-Silbalba, 1976.
Guzmán, Jorge. *Contra el secreto profesional. Lectura mestiza de César Vallejo.* Santiago de Chile: Editorial Universitaria, 1991.
Granados, Pedro. *Poéticas y utopías en la poesía de César Vallejo.* Lima: Pontificia Universidad Católica del Perú, 2004.
Hart, Stephen. *Religión, política y ciencia en la obra de César Vallejo.* Londres: Tamesis Books, 1987.
—. «César Vallejo in the new millenium». *Romance Quarterly*, n.° 49, 2002.
Henderson, Carlos. *La poética de la poesía póstuma de Vallejo.* Lima: Fondo Editorial de la Biblioteca Nacional, 2000.
Hernández Novás, Raúl (Ed.). *César Vallejo, 1.* La Habana y Bogotá: Casa de las Américas e Instituto Caro y Cuervo, Serie Valoración Múltiple, 2000.
Higgins, James. *Visión del hombre y la vida en las últimas obras de César Vallejo.* México: Siglo XXI, 1975.
—. *César Vallejo en su poesía.* Lima: Seglusa, 1990.
Lambie, George. *El pensamiento político de César Vallejo y la Guerra Civil Española.* Lima: Milla Batres, 1993.
Larrea, Juan. *Al amor de Vallejo.* Valencia: Pre-Textos, 1980.

—. *Orbe.* Edición de Pere Gimferrer. Barcelona: Seix Barral, 1990.

Loayza, Luis. «Bizancio sobre el Rímac». *Camp de l'Arpa,* Barcelona, n.° 71, enero de 1980.

Ly, Nadine (Ed.). *César Vallejo. La escritura y lo real.* Coloquio Universidad de Burdeos III. Madrid: De la Torre, 1988.

—. «La poética de César Vallejo: arsenal del trabajo». *Cuadernos Hispanoamericanos,* Madrid, n.° 456, junio-julio de 1988.

Martín Hernández, Evelyn. «Un cas de "transfusion" poetique, César Vallejo-Blas de Otero». *Iris,* Montpellier, Université Paul Valery, 1981.

Martos, Marco y Villanueva, Elsa. *Las palabras de Trilce.* Lima: Seglusa, 1989.

Meo Zilio, Giovanni. *Stile e poesia in César Vallejo.* Padua: Luviana, 1960.

—. «Vallejo in italiano. Note di tecnica della traduzione e di critica semantica». *Rassegna Iberistica,* n.° 2, 1978.

Merino, Antonio (Ed.). *En torno a César Vallejo.* Madrid: Júcar, Los Poetas-Serie Mayor, 1988.

Monguió, Luis. *César Vallejo. Vida y obra.* Lima: Perú Nuevo, 1960.

More, Ernesto. *Vallejo, en la encrucijada del drama peruano.* Lima: Bendezú, 1968.

Neale Silva, Eduardo. *César Vallejo en su fase trílcica.* Wisconsin: University of Wisconsin Press, 1975.

Ortega, Julio (Ed.). *César Vallejo.* Madrid: Taurus, 1985.

—. *La teoría poética de César Vallejo.* Providence: Del Sol, 1986.

—. «De Vallejo a Cortázar: inscripción y tachadura». En Amos Segala (Ed.). *Litterature latino-americaine et des caraibes du XX siècle. Theorie et pratique de l'edition critique.* Nanterre: Colección Archivos, 1988.
—. «Vallejo: una poética de la tachadura». Ínsula, Madrid, n.° 777, septiembre, 2011.
Patrón Candela, Germán. *El proceso Vallejo.* Trujillo: Universidad Nacional de Trujillo, 1992.
Paoli, Roberto. *Mapas anatómicos de César Vallejo.* Florencia: D'Anna Messina, 1981.
Pinto Gamboa, Willy. *César Vallejo: en torno a España.* Lima: Cibeles, 1981.
Podestá, Guido. *César Vallejo: su estética teatral.* Minneapolis, Valencia, Lima: Institute for the Study of Ideologies & Literature, Instituto de Radio y TV, Universidad Nacional Mayor de San Marcos, 1985.
—. *Desde Lutecia. Anacronismo y modernidad en los escritos teatrales.* Berkeley, Lima: Latinoamericana, 1994.
Prieto, Julio. «Sobre ilegibilidad y "mala" escritura en Hispanoamérica». *Ínsula,* Madrid, n.° 777, septiembre, 2011.
Rowe, William. *Hacia una poética radical. Ensayos de hermenéutica cultural.* Buenos Aires: Beatriz Viterbo, 1996.
—. *Ensayos vallejianos.* Berkeley, Lima: Latinoamericana, 2006.
Rowe, William y Gutiérrez, Gustavo. *Vallejo. El acto y la palabra.* Lima: Fondo Editorial del Congreso del Perú, 2010.
Sobrevilla, David. *Introducción bibliográfica a César Vallejo.* Lima: Amaru, 1995.
Sucre, Guillermo. *La máscara, la transparencia.* México: Fondo de Cultura Económica, 1985.

Valente, José Ángel. *Las palabras de la tribu*. Madrid: Siglo XXI, 1971.

Vallejo, Georgette de. «Apuntes biográficos sobre *Poemas en prosa* y *Poemas humanos*». En César Vallejo, *Obra poética completa.* Lima: Mosca Azul, 1974.

Vega, José Luis. *Trilce de César Vallejo.* Río Piedras: Universidad de Puerto Rico, 1975.

Vélez, Julio y Merino, Antonio. *España en César Vallejo.* 2 vols. Madrid: Fundamentos, 1984.

Vitier, Cintio. *Experiencia de la poesía.* La Habana: Úcar, García y Cía., 1944.

Yurkievich, Saúl. *Fundadores de la nueva poesía latinoamericana.* Barcelona: Barral, 1971.

Este libro se terminó de
imprimir en Barcelona (España)
en el mes de marzo de 2015